O ADVOGADO

O ADVOGADO

Henri Robert

Tradução
ROSEMARY COSTHEK ABÍLIO

Revisão da tradução
EDUARDO BRANDÃO

wmf **martinsfontes**

*Esta obra foi publicada originalmente em francês com o título L'AVOCAT.
Copyright © 1997, Livraria Martins Fontes Editora Ltda.,
São Paulo, para a presente edição.*

1ª edição *1997*
3ª edição *2021*

Tradução
ROSEMARY COSTHEK ABÍLIO

Revisão da tradução
Eduardo Brandão
Revisões
*Solange Martins
Ana Luiza França*
Produção gráfica
Geraldo Alves
Paginação
Studio 3 Desenvolvimento Editorial
Capa
Katia Harumi Terasaka Aniya

**Dados Internacionais de Catalogação na Publicação (CIP)
(Câmara Brasileira do Livro, SP, Brasil)**

Robert, Henri, 1863-1936.
 O advogado / Henri Robert ; tradução Rosemary Costhek Abílio ; revisão da tradução Eduardo Brandão. – 3ª ed. – São Paulo : Editora WMF Martins Fontes, 2021. – (Biblioteca jurídica WMF)

Título original: L'avocat.
ISBN 978-65-86016-83-3

1. Advocacia como profissão 2. Advogados I. Título. II. Série.

21-73799   CDU-347.965

Índices para catálogo sistemático:
1. Advocacia   347.965
2. Advogados : Profissão   347.965

Cibele Maria Dias - Bibliotecária - CRB-8/9427

Todos os direitos desta edição reservados à
Editora WMF Martins Fontes Ltda.
*Rua Prof. Laerte Ramos de Carvalho, 133 01325.030 São Paulo SP Brasil
Tel. (11) 3293.8150 e-mail: info@wmfmartinsfontes.com.br
http://www.wmfmartinsfontes.com.br*

*"J'aurais voulu être avocat: c'est le
plus bel état du monde."*

Voltaire

Índice

Nota introdutória IX
Carta-prefácio de Louis Barthou à edição de 1921 XIII
Prefácio 1

  1. No Palácio da Justiça 5
  2. Na Primeira Câmara 13
  3. A sustentação oral 19
  4. Advogados de outrora e advogados de hoje 27
  5. A evolução da eloqüência judiciária 33
  6. A vida do advogado 37
  7. O advogado estagiário 51
  8. O papel do advogado 61
  9. Os trabalhos de um estagiário 69
10. As mulheres na advocacia 79
11. Os advogados políticos 83
12. Os honorários 97
13. O magistrado 103
14. Alguns "retratos" de advogados 113

Apêndices
  1. *Voltaire, defensor de Calas* 119
  2. *Lachaud* 153

Nota introdutória

O Conselheiro J. Pinto Loureiro, em seu prefácio à edição portuguesa de 1936, fala de *O advogado* como obra de "raro encanto, elaborado com simplicidade de forma e notável elevação de pensamento, não perde nunca uma acentuada feição literária mesmo no abordar dos mais rudes temas, nem a preocupação artística obsta ao excogitar das minúcias e particularidades que lhes são pertinentes, desprovidas embora de toda a beleza". Na verdade, uma obra-prima de honestidade, de clareza, de sabedoria, livro escrito com grande amor à profissão e uma sinceridade comovedora. E seu autor, nas orações de defesa, convencia os sábios, explicando e compreendendo erros, apiedando-se dos fracos, fazia chorar a todos, pois a pessoa humana tinha uma enorme importância para a sua visão do tempo.

Segundo ele, todo advogado já encanecido na vida forense afirmará, surpreso, desconhecer que exercia tão nobre e bela profissão. "Em pouco mais de cem páginas oferece-se à avidez do leitor, em luminosa síntese, o complexo conceito de advocacia, nitidamente contornado, e enfeixam-se, para se dissecarem logo a seguir, os mais árduos problemas ligados à vida profissional. Antigos, alguns deles, como a própria advocacia, modernos outros a ponto de se apresentarem somente esboçados em esquemadas linhas, sobre todos se projeta uma luz doce e clara que os torna observáveis nas suas particularidades mais íntimas, para todos se apontando uma solução que parece desprender-se do espírito do autor, tão espontânea e simplesmente como água cristalina brotando e escorrendo da rocha viva. Homem superiormente culto, enriquecendo fervorosamente o seu espírito com infatigáveis leituras, afinando a concepção da vida e o conhecimento do seu verdadeiro sentido, na experiência da advocacia largos anos exercida com ardor, de um aprumo moral e de uma dignidade de atitudes que em mais de uma conjuntura o têm feito apontar pelos seus pares como o primeiro de todos, o *bâtonnier* Henri Robert estava, pela sua especial autoridade, naturalmente indicado para ligar o seu ilustre nome a um trabalho deste gênero. (...) Pequeno livro como este lê-se num fôlego de poucas horas. Não hão de faltar tempo e disposição para uma segunda leitura e até para a proveitosa repetição dos capítulos de mais palpitante interesse. Marcada vantagem das obras curtas? Talvez, em parte. Mas, vantagem seguramente das obras boas."

Toda a doutrinação de *O advogado* tem validade universal, "ajustando-se à advocacia de todos os tempos e de todas as latitudes". Sobre o autor, Pinto Loureiro afirma: "A marca do seu talento, da sua experiência e até da sua bondade ressaem em cada linha e em alto relevo, não só no exame e pesagem dos graves temas que considera, e sobre que se pronuncia, como até no dosear dos conselhos e prevenções úteis. Mas, não porque o insinue ou abertamente o diga, porquanto em todos os lances se comporta como intérprete e porta-voz do pensar e sentir de todo o mundo, tomando o vulto e os acentos de uma consciência universal." Poucos escreveram como Henri Robert soube escrever em honra e louvor da profissão de advogado.

NOTA INTRODUTÓRIA XI

Não é sem razão que Henri Robert abre o seu célebre clássico *O advogado* com Voltaire: "J'aurais voulu être avocat: c'est les plus bel état du monde." Traduzindo esta pequena obra-prima de Henri Robert, editando-a, quis a Martins fontes homenagear a um dos maiores advogados franceses, mas, sobretudo, como fez o Conselheiro Pinto Loureiro, torná-la "familiar a todos os que não devem desconhecer um livro cuja leitura reconcilia com a profissão os desavindos ou os descontentes, enche de orgulho os que a exercitam com dignidade e lança em confusão e vergonha os que, esquecendo-se de que a advocacia é uma das mais nobres profissões, apenas sonham transformá-la em máquina de copiosos lucros".

Henri Robert nasceu em Paris, em 1863. Não foi somente um grande advogado. Foi também um grande escritor, com incomum poder de contar as coisas e de precisar os acontecimentos. Foi em Constantine que obteve os seus primeiros sucessos como advogado. Era secretário do *bâtonnier, maitre* Durier, a que dedica *O advogado*. Durier o levara até Constantine para trabalhar no caso Chambiges. Em 1889, seu arrazoado em favor de Gabrielle Bompard, cuja defesa no caso Gouffé tomara a seu cargo, deu-lhe uma reputação universal. Era já o advogado admirável.

Faleceu em 1936. Neste país, onde era tão citado por advogados como Rui Barbosa, Carvalho Netto, sua morte causou comoção. Teve muita repercussão na imprensa: "Com o desaparecimento ontem de Henri Robert, perde o *barreau* de França a sua figura mais representativa. De fato, nenhum dos ilustres mestres da Ordem dos Advogados, contemporâneos do grande morto, usufruiu a mesma notoriedade que lhe cercou o nome, durante muitos anos de atividade profissional e de cultura de um gênero literário, que só vinga nos países onde as glórias do Foro abrem as portas de todas as instituições e dão acesso aos mais elevados postos públicos." (*Correio da Manhã*, Rio, 13.5.36)

Henri Robert conquistou os seus primeiros triunfos na advocacia criminal, que é precisamente a que mais favorece a manifestação e desenvolvimento dos dons naturais exigidos para o debate em ambiente propício às emoções coletivas e à publicidade. "No apogeu de uma feliz carreira, o fascinante restaurador dos processos históricos da França ocupava invariavelmente o lugar que lhe competia na acusação ou na defesa dos processos criminais mais ruidosos de Paris, ou dos departamentos. Enfrentou ele, nesse longo período de constantes duelos judiciários, famosas causas que agitaram, em determinados momentos, a opinião popular de sua terra. A reputação do historiador dos velhos processos, restaurados com o colorido e o desvario das paixões, que os acompanharam em todas as fases, adquiriu uma universalidade que nenhum outro explorador do mesmo filão logrou conseguir até agora" (idem).

No conceito de Cícero, o advogado continua ainda a ser o homem de bem que fala excelentemente. Tal era Henri Robert, que, como escritor, era de estilo simples, claro, objetivo. "Henri Robert realizou essa condição, que se procura asfixiar em outras nações inimigas da oratória, cerceando-se a defesa oral e submetendo-se o causídico ao rigor de limitações de tempo, que não conhecem jamais os juízes. (...) Ao brilho da palavra, que manejou sempre como senhor insuperável, unia-se ainda a prontidão da réplica, com que fulminava o adversário. A Academia Francesa, onde os altos valores das profissões liberais têm lugares certos, consagrou, com a eleição de Henri Robert, uma glória autêntica da tribuna judiciária, iluminada, outrora, pelo gênio de Berryer" (idem).

ACRÍSIO TÔRRES

Carta-prefácio de Louis Barthou à edição de 1921

Excertos selecionados por Acrísio Tôrres

Na carta-prefácio, de 13 de novembro de 1921, a *Les grands procès de l'histoire**, de Henri Robert, escreve Louis Barthou, da Academia Francesa: "Um prefácio é uma apresentação. Ora, ninguém necessita menos do que tu ser apresentado. Teu nome tem o raro privilégio de ser conhecido tanto pelo homem comum quanto pelos apurados: suas quatro sílabas, firmes e ágeis, evocam processos célebres, defesas retumbantes, um bastonato glorioso, o esplendor de um rico talento e a generosidade de um grande coração."

Diz Louis Barthou da imparcialidade de Henri Robert: "Os processos de Maria Stuart e de Camille Desmoulins são menos simples do que o de Calas, inocente, e do que os de Foucquet e de Cinq-Mars, ambos culpados. Para julgá-los, é preciso ter o sentido e a arte dos matizes, em que és exímio, porque tua vida foi uma longa experiência da natureza humana. É raro que o bem ou o mal estejam inteiramente de um só lado. Nem a rainha nem o tribuno foram isentos de culpas, e, se é justo repreender seus carrascos por sua morte, a mesma justiça comanda que não se calem os desacertos de Maria Stuart e os erros funestos de Camille Desmoulins."

---

* Trad. bras. *Grandes julgamentos da história*, São Paulo, Martins Fontes, 1.ª ed., 2002.

Nos grandes processos que evoca e narra, Henri Robert não se funda senão "nos fatos escrupulosamente verificados e nos documentos cuidadosamente controlados". Diz Louis Barthou: "Mas, depois de contar, ousas concluir. Tua palavra, viva e vibrante, rápida e concisa, é a expressão de uma consciência, liberta dos preconceitos ou dos *partis pris*, que julga com independência. A piedade anima teus juízos, no entanto não os falseia. (...) Não lhes recusas as circunstâncias atenuantes de uma situação excepcional, mas absolvições demasiado amplas quase parecem cumplicidades, e o futuro pode estar cheio de erros ou de crimes aos quais não se devem dar o exemplo e a desculpa do passado."

"Teu livro (refere-se Louis Barthou a *Grandes julgamentos da história*) agradará ao público... Quanto a mim, encontrei nele um prazer extremo. Eu te elogiaria como escritor e te diminuiria como orador se dissesse que nada se perde em não te ouvir. A palavra é uma ação que a leitura não substitui. No entanto, mesmo prisioneira da frase escrita, tua palavra – tu, cujo ser inteiro fala – conserva uma vida e uma entonação, uma força e um movimento de encanto e ímpeto irresistíveis." E conclui: "Meus votos são inúteis para um sucesso que está garantido." Tal como o desta célebre obra *O advogado*, agora em edição brasileira.

Prefácio

No apogeu do Grande Século, La Bruyère descreveu sozinho, em um único livro, toda a sociedade francesa.

No momento atual, ele hesitaria ou fracassaria.

Tudo mudou tanto! Aquela França de Luís XIV, disciplinada, relativamente simples, tornou-se tão complexa! Vida política e intelectual, social e religiosa, artística, econômica, vida civil e vida militar, vida popular e vida mundana: quantas transformações, quantas multiplicidades, quantas novidades em todos esses âmbitos!

E entretanto, na encruzilhada da História em que estamos, impõe-se um inventário dos órgãos novos ou renovados de nossa existência coletiva – um quadro das "condições", como dizia Diderot, que subsistem na fragmentação dos quadros antigos, uma galeria dos "Caracteres deste Tempo".

Desejando instituir essa investigação – em que, esperamos, não faltarão tanto o prazer como a utilidade –, dividimos a tarefa e multiplicamos La Bruyère... O que são os "tipos" essenciais em que se resume e se personifica a França de hoje – o Político e o Financista; o Operário e o Cientista; o Soldado e o Homem de Negócios; o Padre, o Magistrado, o Advogado, o Escritor, o Artista, o Diplomata, etc.; e também o que é a Mulher, envolvida (embora nem sempre tendo sido convidada) com todas as formas da atividade nacional, colaboradora de todas as forças a que se submete ou que domina –: é o que fomos indagar a ilustres pensadores, que simultaneamente são protagonistas da história em andamento. Protagonistas bastante envolvidos com o presente para conhecer-lhe o avesso; testemunhas bastante independentes e isentas para julgá-lo... Quem sabe mesmo – seja dito sem ofender a modéstia desses pintores de alto nível – se o leitor não será tentado a saudar num ou noutro dentre eles o mais completo representante do "Caráter" que terá concordado em definir e descrever?

*Homenagem de gratidão à memória de Durier,
ex-presidente da Ordem dos Advogados, meu
patrono, que protegeu o início de minha carreira.*

H.R.

1. No Palácio da Justiça

O advogado! Qual imagem essa palavra evoca de imediato na mente dos que vivem afastados do Palácio? Qual sentimento costuma despertar no público?

Para alguns, o advogado é tradicionalmente o "defensor do órfão e da viúva", o paladino abnegado de todas as nobres causas, aquele cujo devotamento se volta inteiramente para todos os oprimidos, todos os infelizes, todos os deserdados da fortuna, e que faz ouvir perante a justiça a voz da piedade humana e da misericórdia.

Mas – tenhamos a modéstia e a clarividência de o reconhecer – essa está longe de ser sempre nossa reputação. Digamos mesmo que na literatura o advogado geralmente não tem boa fama.

Há uma tendência excessiva para representá-lo na figura de um insuportável tagarela, um sujeito espertalhão, chicaneiro, manhoso, encrenqueiro, capaz de defender qualquer causa, alegando inocência mesmo quando está convencido da culpabilidade...

É com essas características pouco lisonjeiras, ou pelo menos com algumas, que ele nos aparece em *A farsa do advogado Pathelin*[1], no *Pantagruel* de Rabelais, em *La re-*

---

1. (*La farse de maître Pathelin*): Peça cômica anônima em 1.500 versos, escrita por volta de 1404. (N. do T.)

connue de Rémi Belleau[2] e em *Os litigantes* de Racine[3]; e também sob a pena de Molière, La Fontaine e Beaumarchais. É assim que voltamos a encontrá-lo nas caricaturas de Daumier ou sob o lápis de Forain e de Abel Faivre[4].

"Antigo rancor dos escritores sóbrios contra os oradores abundantes", disse amavelmente Henry Roujon para explicar essa animosidade quase geral da literatura contra a advocacia. É uma explicação muito sutil e pode ser válida para os escritores sóbrios, embora nem todos os advogados sejam oradores abundantes...

Mas não são apenas os escritores que falam mal dos advogados.

E sem dúvida o verdadeiro motivo de sua impopularidade está na própria profissão.

Isso acontece porque, via de regra, o cliente só recorre a eles na adversidade, quando se vê a braços com problemas, aborrecimentos, graves preocupações, responsabilidades que às vezes lhe comprometem seriamente a honra ou a fortuna.

Os advogados são as testemunhas profissionais dos maus dias, os confidentes obrigatórios a quem o cliente é forçado a confessar seus segredos de família, até mesmo pequenas baixezas de que não tem motivo para se orgulhar.

Assim, por ter-se visto diante deles em posição incômoda ou em situação crítica, é natural que o cliente lhes

---

2. Rémi Belleau, poeta francês (1528-1577). (N. do T.)

3. *Les plaideurs*, peça em que Racine ironiza de forma agressiva a hipocrisia, a corrupção e a empáfia de juízes e advogados. (N. do T.)

4. Honoré Daumier (1808-1879) critica a vida e os personagens típicos da época (juízes, médicos, advogados, políticos, etc.), em seus aspectos grotescos e pitorescos. Jean-Louis Forain (1852-1938) retoma os mesmos temas de Daumier, embora de forma menos cáustica. Abel Faivre (1867-1945) celebrizou-se como caricaturista em jornais satíricos. (N. do T.)

queira mal, talvez inconscientemente, que conserve deles uma péssima lembrança; ou mesmo (um sentimento bem humano, o que não quer dizer muito nobre) é natural que fique tentado a desforrar-se e a criticá-los o mais possível... tão logo não precise mais de sua assistência.

Eis por que sem dúvida os advogados não são e nunca foram poupados.

Essa ingratidão normal, que não deveria abalar o filósofo, felizmente comporta exceções, em que se manifestam as naturezas de elite.

Sua relativa raridade não faz mais que dar maior valor a testemunhos de reconhecimento cuja expressão, sempre comovente, é a recompensa por um labor geralmente mal reconhecido e o encanto incomparável de nossa profissão.

Mas, se habitualmente o advogado é mal julgado, não será também porque ele só é conhecido de forma insuficiente e inexata?

Não será porque é vítima de preconceitos e porque o público geralmente faz uma idéia errada de sua profissão?

Mesmo que seja apenas desse ponto de vista, não será inútil traçar, num esboço rápido, copiado do natural, a verdadeira figura do advogado moderno.

Muito freqüentemente as antipatias mais fortes, sejam individuais ou sociais, baseiam-se no desconhecimento do verdadeiro caráter das pessoas. Nada como se conhecer bem para se apreciar realmente.

Tal observação foi feita muitas vezes. "Conhecer" o ambiente de que alguém faz parte, o meio em que vive, já é "conhecer" um pouco essa pessoa.

A casa onde a Ordem dos Advogados nasceu, onde ela cresceu, onde a cada passo surgem lembranças de sua história, intimamente ligada à história da França, é o Palácio da Justiça.

Antes de entrar nele, observai-lhe por um instante a silhueta ao mesmo tempo fina e forte, onde os séculos gravaram sobre a pedra sua pátina inimitável.

Não é simbólico que nesta Île de la Cité, neste berço de onde Paris pouco a pouco alçou vôo sobre as duas margens do rio, ergam-se próximos um do outro dois monumentos admiráveis em que se caracteriza de certa forma o gênio tradicional da raça: a catedral de Notre-Dame e o Palácio da Justiça, o templo do ideal religioso e o templo da justiça?

Vede como as torres esguias – torre quadrada do Relógio, torres redondas da Conciergerie[5] –, alteando seus pequenos campanários pontudos acima dos telhados ao redor, completam e arrematam harmoniosamente, com suas silhuetas audaciosas, a tonalidade discreta desta paisagem única de Île-de-France.

Que incomparável conjunto forma este navio da Cité, que suas pontes mantêm atracado no meio do rio!

E que delicadeza do pincel nas tintas esbatidas, entre o cinza velado deste céu parisiense, o luminoso cinza-prata dos dois braços do Sena, realçado no outono pelos reflexos de ouro dos plátanos do cais, e o cinza mais escuro da pedra secular que perfila no horizonte brumoso sua grande massa de linhas sóbrias, entre o céu e a água!

O estrangeiro que, visitando Paris, visse pela primeira vez este monumento emocionante, sobrevivente da antiga França entre as casas modernas, poderia ser tentado a pensar que tem ante os olhos apenas um sepulcro de nossa história, uma moldura vazia da vida que a animou, como o Louvre ou Versailles.

Que erro seria o seu!

* *

---
5. Antiga prisão, anexa ao Palácio da Justiça de Paris. (N. do T.)

O Palácio da Justiça, ao contrário, fervilha com uma vida intensa e trepida com uma atividade múltipla, que espantam e desconcertam o profano.

Se ali entrardes na terça-feira, sobretudo na hora dos julgamentos de urgência, encontrareis a enorme sala dos Passos-Perdidos literalmente tomada de gente.

Uma multidão que se comprime e se agita, uma verdadeira maré humana quebrando-se com suas ondas e redemoinhos, onde predominam as togas pretas e os peitilhos brancos de advogados e procuradores[6], e de onde se ergue um imenso rumor feito do som de todas as conversas confundidas, e que ainda se amplifica em seu próprio eco ao repercutir em ondas sonoras sob as altas abóbadas de pedra.

O espetáculo é realmente impressionante para todos, exceto para aqueles de quem ele constitui a vida cotidiana e que por estarem acostumados nem mesmo o notam mais.

Ele pode dar uma idéia global da prodigiosa atividade do mundo do Palácio.

E no entanto o que o visitante vê é apenas uma ínfima parte do trabalho total que se desenvolve em um dia.

O Palácio! Ele é realmente, se me posso permitir a comparação, uma imensa fábrica de justiça onde cada dia traz de volta, às mesmas horas, os diversos operários dessa grande obra conjunta.

De fato, cada um colabora dentro da esfera e da importância de suas atribuições: desde o primeiro presidente até o mais modesto dos auxiliares.

Os clientes dessa fábrica são os litigantes; a matéria-prima a transformar são as questões: todos esses inume-

---

6. Enquanto o advogado tinha o monopólio da defesa, o procurador tinha o monopólio da representação do cliente. Esta profissão fundiu-se com a do advogado na reforma judiciária de 1958. (N. do T.)

ráveis *dossiers* que magistrados[7], advogados, procuradores, oficiais de justiça, escreventes e ajudantes carregam em suas pastas abarrotadas de papéis.

Os artífices dessa transformação são os oficiais judiciários e os advogados, que preparam o trabalho dos magistrados.

Estes, por fim, ministram a justiça de acordo com sua consciência e com o Direito, para preservação da paz social.

Tendes assim um apanhado da gigantesca tarefa que se realiza diariamente no Palácio.

Até mesmo o princípio da divisão de trabalho é observado.

Cada câmara, numa certa medida, tem sua especialidade.

A tarefa é distribuída de acordo com as atribuições específicas e com as qualificações de cada um; e todas as engrenagens da enorme máquina trabalham juntas, sem atritos, seguindo o horário prescrito, de acordo com as previsões das pautas de audiências, no máximo de sua capacidade de trabalho.

Mas o que o público não consegue perceber claramente é que, a despeito de toda sua atividade, o Palácio não é mais que o palco para onde convergem os resultados de todo um esforço imenso e silencioso, realizado alhures.

O advogado que faz uma sustentação oral de algumas horas, o magistrado que lê um julgamento na abertura de uma audiência estão apenas trazendo o fruto de um trabalho – muito mal conhecido e no entanto considerável – de pesquisas, leituras e reflexões, a que eles tiveram de se dedicar na solidão de suas bibliotecas.

---

7. Na França a magistratura engloba as funções de julgamento e de acusação, representadas pelo juiz e pelo promotor. (N. do T.)

Somente eles sabem o tempo e o trabalho que despenderam e as noites de vigília que tiveram de passar no preparo de uma obra que não deixa transparecer o esforço.

Assim, no palco, o ator, pela naturalidade ao representar e pela perfeição da memória, faz esquecer todo o longo e duro trabalho preparatório do papel que teve de aprender e dos ensaios em que foi preciso regular e coordenar minuciosamente as atitudes e os jogos de cena de cada um.

Mas o ator, pelo menos, pode esperar que seu trabalho sirva para um grande número de representações, em que ele terá apenas de repetir-se a si mesmo, sem mostrar novos recursos e invenções.

O advogado, porém, nunca pronunciará duas vezes o mesmo arrazoado. Cada vez que ele for usar da palavra, terá o mesmo trabalho preparatório de renovar de ponta a ponta.

Todo seu labor obscuro, tão longo, tão minucioso, merecerá apenas uma primeira e única representação de algumas horas, às vezes de alguns breves minutos. Nesses curtos instantes ele deverá dar o máximo de si, estabelecer ou consagrar sua reputação, prender a atenção dos juízes, conseguir convencê-los e obter para sua causa uma decisão favorável.

Não é de admirar que semelhante esforço exija uma tensão de todo o ser, uma concentração, por assim dizer uma mobilização de todas as energias da vontade, de todas as faculdades de persuasão, e que um advogado – que tem a consciência de sua missão, o peso da responsabilidade e o amor-próprio de sua reputação –, não importa o quanto esteja habituado a freqüentar a sala de audiências e a falar, nunca inicie uma argumentação de alguma importância sem uma secreta mas intensa emoção; e que, tendo cumprido seu papel, nunca deixe a audiência sem sentir-se alquebrado pelo esforço que acaba de fazer, freqüentemente sem que ninguém o saiba. Mas ainda fica feliz quando esse esforço ignorado não foi inútil e uma decisão favorável, arrancada à viva força, veio recompensar-lhe o trabalho e fazê-lo esquecer a fadiga.

Evidentemente, nem todas as sustentações orais exigem tanto do sistema nervoso.

A atmosfera geralmente tranqüila das audiências cíveis reserva menos surpresas, exige menos combatividade, não requer tanta prontidão nas réplicas; resumindo, poupa mais os nervos do advogado do que a atmosfera carregada de eletricidade das audiências no tribunal do júri.

2. Na Primeira Câmara

Mas, já que entramos no Palácio da Justiça como curiosos, prossigamos nossa visita. Atravessando a multidão barulhenta e animada que congestiona a grande sala de espera, vamos chegar à Primeira Câmara do tribunal. Junto da dupla porta giratória que lhe marca a entrada e em cuja soleira vem morrer o grande rumor de fora, dois advogados cujo processo está na pauta do dia, sentados em um banco e com os autos embaixo do braço, aguardam sua vez de se enfrentarem na audiência. Eles estão conversando alegremente; relembram as férias que tiveram, e contam, com sorrisos maliciosos, os últimos mexericos e piadas desse "círculo" que constitui o Palácio. Deixemo-los entregues a seus agradáveis assuntos e entremos.

No interior, é a tranqüilidade de um templo após a agitação da praça pública. É também uma penumbra de igreja, à qual os olhos precisam acostumar-se por um instante antes de distinguirem alguma coisa.

Essa Primeira Câmara, onde o próprio presidente do tribunal realiza audiências, aonde chegam apenas os processos mais importantes, ocupa uma parte da antiga Grande Câmara do parlamento de Paris: "a basílica da Justiça", como era chamada.

A atual sala de audiência prolongava-se então na Câmara do Conselho, da qual hoje se separa por uma parede. Suas dimensões eram majestosas. O cenário, maravilhoso. As altas janelas ornadas de vitrais antigos deixavam passar apenas uma claridade suave, propícia ao recolhimento e à majestade do lugar.

O piso formava um vasto tabuleiro branco e preto; as paredes forradas de veludo azul salpicado de flores-de-lis conduziam insensivelmente o olhar até o teto, uma obra-prima cujos ouros pálidos brilhavam na penumbra.

Esse famoso teto da Grande Câmara era a maravilha do Palácio. O que se vê hoje na Primeira Câmara do tribunal é apenas uma cópia dele.

Era na Grande Câmara do parlamento que o rei realizava seus "leitos de justiça".

O advogado Berryer, pai do grande Berryer, defensor do marechal Ney, que iniciara a carreira no Palácio durante o reinado de Luís XV, viu em toda sua magnificência um "leito de justiça".

Ele nos descreveu o pitoresco espetáculo. Voltam assim a passar ante nossos olhos, nesse cenário maravilhoso da Grande Câmara, a nobreza em trajes à Henrique IV, os cabelos flutuando sob chapéus com penachos brancos; todo o clero de Paris, tendo à frente o arcebispo precedido da cruz e do estandarte; o parlamento de Paris, em uniforme de gala, com todas as câmaras reunidas; todos os pares do reino, militares, civis, eclesiásticos; o chanceler tendo ao lado o sinete da França sobre uma almofada de veludo roxo bordado com flores-de-lis douradas; e por fim, acima dele, sentado no canto esquerdo, no fundo da sala e dominando-a toda, o rei.

O mesmo Berryer conta-nos também sua primeira sustentação oral diante da Grande Câmara.

Era uma daquelas audiências matutinas que no inverno se realizavam à luz de velas, num horário que sem dúvida pareceria cruelmente matinal para nossos hábitos de hoje, pois a audiência começava imediatamente após a missa das seis horas, celebrada na antecâmara de espera.

A majestade dos juízes, a solenidade das circunstâncias, a pompa impressionante da justiça, o silêncio religioso em que o escutaram, somando-se à emoção da estréia, submeteram os nervos do jovem advogado a uma provação tão rude que, mal encerrou seu discurso, ele caiu desmaiado.

A Revolução destruiu sistematicamente, sem deixar o menor vestígio, todo esse cenário suntuoso do Antigo Regime.

Ela mandou recobrir o teto, eliminar a forração azul-real com o emblema sedicioso das flores-de-lis, e na parede nua do fundo da sala colocou o busto de Sócrates.

O gentil filósofo viu-se assim – oh, ironia da sorte! – chamado a presidir, em efígie, às sessões do tribunal revolucionário.

Espetáculo inesperado e decepcionante para ele: viu aqueles mesmos que invocavam seus princípios e se declaravam sob seu patrocínio erigir-se em juízes impiedosos ou, antes, colocarem despudoradamente a justiça a serviço de seus ódios e ambições.

Ele viu Fouquier-Tinville, o terrível acusador público, provedor oficial da guilhotina, exigir e obter as cabeças daquelas ilustres e tocantes vítimas do furor revolucionário que se chamavam Charlotte Corday, Maria Antonieta, Mme. Roland, os girondinos, Camille e Lucile Desmoulins...

Que lição para um filósofo humanitário!

A alma de Sócrates terá estremecido no reino das sombras? E, pensando nos culpáveis excessos desses longínquos discípulos, o gosto da cicuta lhe terá parecido retrospectivamente menos amargo?

São todas essas lembranças, entre muitas outras, que a Primeira Câmara do tribunal pode evocar na mente dos que se deixam ficar sonhando com o passado.

* *

Mas como teríamos hoje tempo livre para sonhar? E como pensar em despertar o passado do sono do esquecimento, quando o presente tirânico açambarca todos nossos instantes?

Começou a audiência na Primeira Câmara.

Como todo dia, tomaram lugar nos bancos alguns velhos freqüentadores do Palácio, pobres destroços humanos que durante todo o inverno a suave quentura do calorífero trará das ruas para dentro.

Eles cochilam na penumbra propícia, acalentados pelos discursos dos doutores da lei...

Avistamos o advogado de costas, em pé junto da barra.

Mas apenas pela maneira de martelar as palavras com uma voz lenta, grave e profunda, apenas por essa espécie de ironia cáustica e contida em que quase se entrevê o riso sarcástico através da harmonia das frases bem buriladas, todos os que freqüentam o Palácio já o reconheceram.

Pois se ele ficou famoso naquela causa rumorosa em que sua coragem cívica e firmeza de caráter não foram menos admiráveis que seu belo talento oratório!

É um adversário temível, de mente incisiva, dentes afiados, réplica contundente, que se entrega por inteiro à causa que defende, mergulha fundo nos autos, prepara sua argumentação com tanto cuidado como se não soubesse improvisar, e no entanto improvisa de uma forma tão perfeita que diríamos previamente redigida e decorada.

Seus cabelos curtos cortados à escovinha, fazendo a testa parecer mais quadrada, o queixo voluntarioso, o espesso bigode ruivo com fios brancos, que marca e acentua ainda mais os traços rudes, dão-lhe antes o aspecto convencional de um militar que de um advogado. E de fato ele tem a ver com ambos, pois mistura intimamente coragem e talento.

É preciso ouvi-lo lendo uma peça importante do processo, com sua dicção muito pessoal que martela as sílabas e destaca as palavras.

Ele sai de seu lugar, avança com o dedo em riste para o adversário e parece querer pregá-lo no banco. E que este não tenha a audácia de protestar, de interromper a leitura ou apenas de esboçar um gesto de negação, pois prontamente atrairia sobre si uma daquelas réplicas cáusticas que são como lampejos fulminantes de uma fina lâmina de aço.

Ele está atuando num caso de guarda de filho após divórcio.

Como nessa matéria tão delicada as decisões dos tribunais são sempre provisórias, nos quatro anos depois que o divórcio foi concedido é a terceira vez que os pais disputam na justiça o único filho que se originou de sua efêmera e infeliz união.

A constante repetição dessa ação judiciária, que apenas extinta renasce prontamente das cinzas, ainda não reduziu o ardor dos litigantes. O ressentimento ocupa-lhes no coração tanto espaço quanto o sentimento.

Lá estão eles, atrás de seus respectivos advogados a quem apóiam com mímicas veementes, lançando-se mútuos olhares de ódio e mal contendo a indignação que os empolga alternadamente, conforme os argumentos desenvolvidos afetem a um ou ao outro.

Como quase sempre em semelhantes casos, os atestados médicos desempenham um papel importante na causa.

Os autos estão abundantemente providos deles, pois todas as sumidades da Faculdade foram contraditoriamente consultadas pelos pais inimigos.

Estes, naturalmente, só atribuem valor aos pareceres que lhes são favoráveis e que imediatamente se tornam obra de mestres incontestes da ciência médica, cujos títulos magníficos nunca seria possível enumerar com a devida satisfação.

Professores titulares da Faculdade, médicos dos hospitais, especialistas em crianças, chefes de clínica e clínicos eminentes concluíram, alternadamente, ora que a criança de saúde delicada necessitava imperiosamente dos cuidados da mãe, ora que o regime de internato no campo, pedido pelo pai, em um certo colégio normando célebre pelo culto do ar livre e dos esportes, teria um efeito dos mais salutares para fortalecer uma constituição que somente a permanência em Paris tornava anêmica, e para devolver apetite a um estômago cansado sobretudo de regimes e medicamentos.

Mais além, inclinado sob o abajur da lâmpada elétrica, deixando em plena luz o rosto grave de magistrado escrupuloso, com a face apoiada na palma da mão, o juiz presidente escuta atento a argumentação, sem nada deixar transparecer de suas impressões.

Os dois juízes assessores que o ladeiam permanecem igualmente impenetráveis.

Um deles, recostado em sua poltrona, parece mergulhado em meditação.

O outro, de caneta na mão, sem dúvida toma notas ou talvez esboce maquinalmente um croqui do advogado.

Eis o aspecto que uma audiência da Primeira Câmara pode apresentar aos olhos do passante curioso que entra por um instante.

3. A sustentação oral

O que o impressionará, sem dúvida, será a simplicidade do tom das sustentações orais.

A respeito disso, vem-me à lembrança o comentário ingênuo mas significativo, ouvido no auditório num dia em que um advogado muito conhecido e de grande talento, já falecido, acabava de encerrar uma de suas mais belas defesas: – Quem é esse? perguntou uma pessoa da assistência, visivelmente emocionada por aquele belo talento. – Como, responderam-lhe, não o reconhece? Pois é o doutor Fulano! – Ah, é mesmo? respondeu ela, quase sem acreditar. O doutor Fulano? Mas como ele fala com simplicidade!

Com efeito, em geral imagina-se que um grande advogado deve necessariamente ser grandiloqüente e tumultuoso.

É quase sempre o contrário que acontece.

O auditório espera por exclamações clamorosas, poses, gestos de efeito, tons melodramáticos, argumentos patéticos, quero dizer de um patético tal como se cria no teatro do Ambíguo[1].

Essa é sem dúvida uma idéia muito difundida. Mas devemos dizer que tão difundida quanto incorreta; ou, pelo menos, que há muito tempo deixou de ser correta.

---

1. L'Ambigu: teatro construído em 1827 e destruído em 1966; foi um dos grandes centros do melodrama em Paris. (N. do T.)

Talvez outrora, na época romântica, a advocacia tenha, numa certa medida, sofrido a contaminação do gênero em voga e também ela tenha caído no *pathos* grandiloqüente e lacrimoso.

Talvez mesmo alguns advogados de glândula lacrimal complacente tenham conseguido mostrar-se excelentes nesse gênero detestável (tanto é verdade que o talento real sabe impor-se em todos os gêneros).

Mas, mesmo que seus méritos pessoais ainda possam justificar a nossos olhos sua reputação, a voga momentânea das maneiras que haviam adotado não sobreviveu a eles.

Hoje já não se defende uma causa da forma que eles por um momento ilustraram no século passado, e seria um grave erro acreditar que para bem arrazoar seja preciso procurar ressuscitar seus tons dramáticos.

Naturalmente, a emoção não está banida da sustentação oral, não mais do que da vida ou do coração humano. Mas deve ser uma emoção discreta e contida, que se deixa adivinhar e não insiste, que mal transparece em algumas entonações e sempre evita ostentar-se. Nada é mais falso que o gênero teatral no tribunal, nem há nada que possa ser mais perigoso para a causa, pois nada transmite menos impressão de sinceridade. Já no século XVI, mercuriais da corte real, referentes à disciplina do foro, aconselhavam aos advogados que procurassem argumentar "com sinceridade, brevidade e elegância" (*ut vere, breviter et ornate dicant*).

Essas três palavras não deixaram de ser válidas!

Hoje não se pode dar para o ideal de uma boa sustentação oral uma definição mais concisa e mais exata do que a apresentada no século XVI.

Quanto mais experiência de tribunal um advogado adquire, quanto mais reputação tem, mais ele procura adaptar-se a esse modelo de sinceridade, concisão e elegante simplicidade.

Aliás, não nos deixemos enganar: se nada é mais belo, também nada é mais difícil do que essa suprema simplicidade na argumentação.

Desse ponto de vista, acontece com a eloqüência o mesmo que com a pintura: para ater-se à linha essencial que marca ao mesmo tempo a autenticidade do assunto e a personalidade do autor, é preciso ter realmente adquirido o domínio de sua arte.

É preciso ter aprendido tudo e querer esquecer tudo.

É preciso despojar-se desses vãos ornamentos, deliberadamente deixar de lado as horríveis flores artificiais em série, conhecidas pelo nome de "flores de retórica".

É preciso que apenas a chama da convicção vos anime, que o objetivo a atingir seja o objeto de todos os vossos esforços.

Por fim, é preciso consentir em esquecer de si mesmo para pensar apenas na causa e no resultado a obter.

É preciso querer convencer, e não seduzir.

* *

Mas não basta querer.

Para ser bem-sucedido na advocacia também são precisos dons naturais e uma educação técnica muito completa.

A soma dos conhecimentos necessários para exercer a profissão de advogado torna-se cada dia mais considerável. Não é dizer pouco, se considerarmos a que já requeriam nossos ancestrais, muito exigentes nessa matéria.

O advogado Camus (Armand-Gaston), nascido em 1740, filho de um procurador do Parlamento, e que teve ao longo de toda a vida uma extraordinária reputação de integridade, honra, talento e consciência, deixou-nos, em suas cartas sobre a profissão, o inventário dos estudos que considerava necessários para formar um advogado digno desse nome.

É preciso adquirir, diz ele, *omnium rerum magnarum atque artium scientiam*: a ciência de todas as grandes coisas e de todas as artes.

Para detalhar esse programa um pouco amplo e que apenas um Pico della Mirandola poderia gabar-se de possuir, Camus enumera os conhecimentos que julga mais necessários. São eles: "humanidades, literatura, história, direito, política".

No direito: é indispensável dominar a fundo o direito natural, o direito público, o direito romano, o direito canônico, o direito comercial, o direito penal, o direito eclesiástico, o direito civil francês, e por fim os decretos reais, os costumes e a jurisprudência.

Naturalmente, é preciso ter lido e estudado, a ponto de se tornarem familiares, os seguintes autores: Platão, Cícero, Grotius, Pufendorf, Cumberland, Montesquieu, Cujas, Pothier, Voët, Hennecius, Godefroy.

Um advogado também não deve ignorar os segredos da economia social nem da política.

E, finalmente, depois de ter se iniciado de maneira completa nas belezas misteriosas do processo prático, ele pode pensar em pedir sua admissão no estágio e tomar parte nas reuniões na biblioteca da Ordem.

Essas eram as prescrições do advogado Camus.

Cícero não era menos exigente para com os jovens advogados de seu tempo.

No imortal diálogo dos hóspedes de Túsculo sobre as qualidades "do orador", Crasso aconselha aos jovens o estudo dos poetas "por causa da grande relação que há entre as figuras da poesia e as da eloqüência" e também porque há na poesia "um ritmo e uma cadência" que convêm aos períodos da eloqüência.

Mas, por si só, a poesia não poderia dar mais que a forma harmoniosa; ainda é necessária a "substantífica medula" que o estudo da filosofia, da história e do direito proporcionará.

É verdade que Antonio, o êmulo de Crasso, declara desdenhosamente que tudo isso é supérfluo e que em verdade há para o orador um único conhecimento indispensável: "o do coração humano".

Saber ler nas almas, deslindar os sentimentos de seu auditório para apresentar-lhe, em todas as circunstâncias, exatamente a linguagem que ele deseja e espera: eis qual deve ser, para Antonio, a qualidade fundamental do orador.

Mas, olhando bem de perto, será que essa qualidade fundamental não exige muitas outras para existir?

Para apresentar em todas as circunstâncias a linguagem que convém, não será necessário antes de mais nada ter acumulado previamente todo um cabedal de conhecimentos diversos e dos que preconizava Crasso?

Desconfiemos da facilidade oratória que intensos estudos não precederam e que o trabalho não sustém e não alimenta.

Ela poderá proporcionar estrepitosos sucessos iniciais, aparentemente pejados de promessas.

Porém, o advogado que, embriagado pela estréia, fiar-se unicamente em sua facilidade para obter êxito, não irá longe. Se descuidar de trabalhar, de escrever para formar o estilo, de enriquecer a memória, de renovar e aumentar constantemente seu cabedal pela observação, pela reflexão, pela conversação e sobretudo pela leitura, logo estará condenado às repetições enfadonhas, à banalidade, e dentro de pouco tempo à esterilidade intelectual.

Sua própria facilidade, com a qual contava, algum dia virá a faltar-lhe, ou não será mais que um insípido palavreado sem o menor valor, do qual a trama demasiado visível e as manobras grosseiras rapidamente indisporão qualquer auditório.

Reduzido a repetir-se a si mesmo, empobrecendo-se constantemente, o improvisador preguiçoso em breve será seu próprio papagaio, e a chama sagrada da eloqüência não mais animará suas palavras vazias de sentido.

Com efeito, a improvisação não é, como muitos pensam, uma espécie de milagre intelectual espontâneo, comparável ao milagre de Moisés quando fez brotar uma fonte de um rochedo nu ao bater-lhe com sua vara.

Na improvisação, a fonte só brotará se, previamente, o orador soube acumular uma riqueza oculta de vocabulário, de imagens, de idéias, de conhecimentos apropriados, onde ele apenas terá de servir-se a mancheias quando chegar o momento. Na realidade, a improvisação não é mais que o resultado de um longo trabalho de acumulação.

Mas, ao passo que em um caso houve uma preparação imediata e direta cujo mecanismo é facilmente visível aos olhos de todos, na improvisação, ao contrário, a preparação vem de mais longe, é mais indireta e permanece praticamente invisível e inapreensível.

Para os que o escutam, o improvisador parece estar inventando num repente, ao sabor do discurso e na medida de suas necessidades, os argumentos a que recorre.

De fato, ele os inventa, mas somente no sentido etimológico do termo; ou seja, encontra-os ou os reencontra onde os havia depositado, às vezes muito tempo antes – por suas leituras, estudos, observações –, nos recônditos menos ou mais inconscientes de sua memória.

É de lá que eles voltam bruscamente à tona, que por assim dizer brotam, sob o esforço de sua vontade concentrada, sob o choque repetido das palavras que se atraem e se encadeiam umas às outras.

Logo a mente se ilumina e se aquece nesse jogo; a memória se recompõe e toda ela vibra ao som da voz que lhe desperta os misteriosos ecos.

Produz-se uma superatividade mental; uma espécie de lucidez superior, uma maior velocidade de pensamento comandam a escolha e a ordem lógica dos argumentos; a fala tanto se afirma como se amplifica, encontra entonações mais cativantes e mais exatas... As idéias arrebatam para a luta outras idéias, as imagens vêm emprestar-lhes mais vida, força e cor: o mecanismo intelectual da improvisação está em movimento!

É um dom da natureza, sem dúvida; mas é um dom que depende de nós deixar perder-se ou enriquecer, assim como se atrofiam ou se desenvolvem os músculos.

Os que não o possuem podem, em ampla medida, adquiri-lo por meio de um treinamento progressivo; mas isso apenas à custa de uma labuta perseverante, e também graças ao enriquecimento e à flexibilização da mente, que necessita de trabalho e de alimentos constantemente renovados, para não se entorpecer pouco a pouco num sono semelhante à morte.

Não há dúvida de que essas são verdades evidentes. Os jovens estudantes que se encaminham para a advocacia não devem perdê-las de vista. Em seus raros momentos de ócio, eles devem rememorar ou reler os ricos anais da advocacia francesa. Ao mesmo tempo que se instruem, experimentarão um sentimento de grande orgulho.

4. Advogados de outrora e advogados de hoje

Os advogados de antigamente apresentavam seus arrazoados com ênfase e grandiloqüência. Abusavam das citações em péssimo latim e faziam gestos desordenados.

Erasmo, em seu *Elogio da loucura**, declara que "imediatamente depois dos médicos vêm os legisladores e os jurisconsultos. Não sei se esses servidores de Têmis não deveriam ter primazia sobre os sacerdotes de Esculápio – que a discussão fique entre eles".

Montaigne não os poupa: "Os advogados são todos pituitosos e remelentos, saindo de seus escritórios após meia-noite."

Esses retratos pouco lisonjeiros são muito fiéis quando se trata de *Claude Gaultier*, chamado de Gaultier la Gueule[1] – o cognome é suficiente para caracterizar seu modo de ser. Boileau descreve-o:

> Plus aigre et plus mordant
> Qu'une femme en furie ou Gaultier en plaidant?[2]

---

* Trad. bras. São Paulo, Martins Fontes, 2.ª ed., 1997.
1. *Gueule*: goela, bocarra, garganta. (N. do T.)
2. Mais acre e mais mordente/ Do que mulher em fúria ou Gaultier falando? (N. do T.)

Esse terrível Antigo era impiedoso com as mulheres. Chamava-as de "precipícios cobertos de flores" ou "fragatas armadas em incursão no mar da galanteria".

Diz Munier-Jolain: "Era um espadachim da fala: cabeça calva, fronte sulcada de rugas, olhos chamejantes, nariz de águia, boca armada de dentes caninos, voz de corvo grasnando sobre a presa a quem ensangüenta com as unhas."

Após Gaultier, o tom da argumentação melhora: menos violência, muita dignidade, uma eloqüência verdadeira – talvez demasiado pomposa.

Havia *Antoine Lemaistre*, que falava tão bem que a corte e o povo abandonavam as igrejas e deixavam de parte renomados pregadores para ir ouvi-lo no Palácio da Justiça.

Olivier Patru, que foi tudo... até mesmo acadêmico, e que inventou o discurso de recepção.

Gerbier, grande jurisconsulto, e *Linguet*, *enfant terrible* do foro.

O juramento dos advogados de outrora era bastante complicado, e sem dúvida ocasionalmente violado... Eles juravam *abandonar a causa tão logo percebessem que ela era má*. E o regulamento continha esta disposição bizarra: *quando houver vários advogados numa mesma causa, eles só deverão falar um após o outro*.

A Revolução suprimiu a Ordem dos Advogados. Fouquier-Tinville cortava as sustentações orais antes de mandar cortar as cabeças.

Nicolas Berryer exclamava, no início de uma defesa: "Trago para a Convenção a verdade e minha cabeça. Ela poderá dispor de uma após ouvir a outra."

Tronchet, De Sèze e *Malesherbes* aceitavam sem hesitar a temível honra de defender o rei.

Chauveau-Lagarde tinha como clientes: a Du Barry – morrendo de medo diante do cadafalso –, Bailly – que tremia de frio e não de pavor –, Danton, a rainha da França e Charlotte Corday.

Napoleão, que detestava os advogados e queria cortar-lhes a língua para impedir que a usassem contra o governo, em 1811 viu-se obrigado a restabelecer a Ordem dos Advogados, para assegurar a boa administração da justiça.

Do século passado, quantos nomes ilustres de grandes advogados vivem ainda em nossas memórias!

Berryer, o "cavaleiro sem medo e sem mácula"; *Jules Favre* e seu soluço célebre; *Chaix d'Est Ange*, tão temível na barra da defesa como na cadeira do ministério público; *Lachaud*, que ligou seu nome à defesa da sra. Lafarge... por quem nunca falou diante do tribunal do júri; *Dufaure*, rude e preciso, precursor da eloqüência judiciária atual; *Gambetta*, que fez ouvir o ribombar do trovão do processo Baudin...

Não posso citá-los todos...

Mais perto de nós: *Barboux*, grande advogado comercialista e também grande letrado, que constelava seus arrazoados com estrofes finamente cinzeladas e citações escolhidas. Esse homenzinho seco, magro, de perfil anguloso, com as clássicas suíças e uma voz muito especial, era tão interessante de ver como de ouvir.

Rousse, o grande presidente da Ordem na Primeira Guerra; *Du Buit*, poderoso e irresistível; *Martini*, um terrível zombador, que fez triunfar a prescrição liberadora no caso do canal do Panamá; *Waldeck-Rousseau*, o renovador da eloqüência judiciária, o grande debatedor.

Outrora a sustentação oral era longa, interminável mesmo; o tom era grandiloqüente, os gestos amplos, freqüentemente desordenados, a mímica expressiva demais, a voz aguda ou muito sonora, com rompantes exagerados.

Hoje, entre as numerosas qualidades exigidas do orador, podemos pôr em primeiro lugar a simplicidade, a brevidade e a clareza.

O advogado moderno conservou o traje da velha França – essa toga igualitária que usam veteranos e estagiários, homens e mulheres, favorecidos da sorte e vítimas do infortúnio.

Mas, embora tenha conservado a mesma indumentária, o tipo modificou-se. Ele já não usa as suíças clássicas que em qualquer lugar identificavam o homem de lei e podiam criar desagradáveis confusões com os serviçais da casa.

O "vinco profissional" desapareceu. O advogado já não discursa depois que saiu do tribunal. As anfitriãs podem, sem perigo, exibi-lo em sociedade: ele sabe ouvir, sorrir e calar... qualidades invejáveis que fazem de seu feliz possuidor um conviva requestado.

Isso quer dizer que o advogado tem menos autoridade que antes?

Por certo que não! Max Buteau tinha razão ao proclamar: *o Advogado é Rei*.

Em uma democracia, com o regime parlamentar, a palavra é onipotente.

Desejais exemplos ilustres?

Raymond Poincaré, trabalhador infatigável, aprendeu no Palácio a arte de esmiuçar um processo e de expor claramente as mais árduas questões. Após ter defendido com uma autoridade soberana seus clientes no tribunal, hoje ele defende com energia a mais bela das causas: a da França.

Alexandre Millerand, cujo nome vem naturalmente à lembrança quando se pensa em um bom servidor da Pátria, leva para a vida pública as eminentes qualidades de força, precisão e solidez que admirávamos em seus arrazoados.

Viviani ou Eloqüência! Essas palavras dizem o bastante para caracterizar o prestigioso orador que com o ardor maravilhoso de seu verbo sabe eletrizar as assembléias frementes e seduzidas.

Briand, versátil e persuasivo, cuja voz de veludo consegue encantar... até mesmo seus adversários.

Barthou, que teria sido um grande advogado se assim o desejasse, e que é uma das glórias da tribuna francesa. Ardente e corajoso na luta, pronto na réplica, improvisador notável, ele tem o dom de comover e de convencer.

Mas nem todos os advogados se deixaram seduzir pelas miragens da vida política; a maioria continuou entregue ao austero labor da vida no Palácio. Entre esses prudentes, modestos ou tímidos, quantos grandes oradores!

Fernand Labori, gigante do tribunal, força da natureza; *Maurice Bernard* e *Félix Decori*, todos os três prematuramente desaparecidos.

Outros, felizmente, estão repletos de força e de vida.

Como não lembrar os nomes de *Charles Chenu*, *Albert Salle*, *Raoul Rousset*, *Mennesson*, *Cartier*, nosso venerável decano; *Demange*, meu glorioso mestre; *Busson-Billaut*, etc.

Por não poder louvá-los todos como conviria, digamos apenas que eles mantêm intactas as tradições de talento, dedicação e desapego que fizeram a força e a grandeza da Ordem dos Advogados.

5. A evolução da eloqüência judiciária

Um advogado sempre teve de possuir uma cultura muito ampla e muito profunda.

Mas isso nunca foi mais necessário do que em nossos dias. A vida está incessantemente complicando-se de novas invenções em todos os âmbitos.

Ampliando-se cada dia mais, o campo da atividade humana cria situações mais complexas, faz surgirem novos direitos nas relações sociais, suscita conflitos até então desconhecidos e convoca a justiça a enfrentar uma tarefa cada vez mais vasta, cada vez mais variada.

O advogado deve ser capaz de tratar todos os assuntos. Ele necessita de uma inteligência cada vez mais culta, apta para assimilar os mais diversos conhecimentos.

O "homem de bem", tal como se entendia no século XVII, devia ter "luzes sobre tudo", como se dizia.

Mas as "luzes sobre tudo" do século XVII seriam para o advogado relativamente pouca coisa ao lado das que lhe são necessárias hoje.

Para convencer-se disso, basta comparar as coletâneas de discursos dos grandes advogados do Antigo Regime com as dos mestres do foro desaparecidos mais recentemente.

Tomai, por exemplo, as argumentações de um Gaultier, temível advogado do século de Luís XIV e a quem Boileau dedicou alguns versos em uma de suas sátiras;

tomai as argumentações de um Lemaître ou de um Cochin, sem falar de um Patru nem de um Gerbier: estes tiveram a coqueteria de deixar de si apenas a tristeza de não os termos ouvido!

Comparai as causas tratadas em seus arrazoados com as que tiveram de defender, mais perto de nós, um Berryer, um Waldeck-Rousseau ou um Barboux. Entre estas e aquelas há todo um mundo.

E, no entanto, depois de Berryer, Waldeck, Barboux, o tempo continuou a avançar, os costumes continuaram a evoluir.

Esses três nomes respeitados já não evocam, para muitos jovens, mais que uma impressão de "velho Palácio" desaparecido, de um gênero um tanto dessueto e antiquado.

É indiscutível que desde então o quadro de nossas atribuições ampliou-se ainda mais. A guerra contribuiu para escancarar as portas do Palácio e para chamar o advogado perante novas jurisdições.

No próprio Palácio de Justiça, onde toda manifestação da atividade humana um dia acaba por vir culminar em forma de processo, os peritos técnicos viram-se incessantemente aumentando em número e crescendo em importância. Hoje os processos apenas muito raramente têm a fisionomia quase unicamente jurídica que costumavam ter outrora. Com uma freqüência cada vez maior, eles põem em jogo questões científicas, financeiras, médicas, artísticas – *técnicas*, para dizer tudo numa palavra –, que até um certo ponto dominam a questão de direito.

Por princípio, um advogado não deve ignorar coisa alguma que possa contribuir para o sucesso da causa que defende.

Assim, ele deve assimilar todas as questões técnicas suscitadas pelo processo em que atua; deve ser capaz de refutar um relatório pericial desfavorável a seu cliente e, se preciso, discutir passo a passo com o especialista no próprio terreno dele.

Isso significa que ele deve ser, ao mesmo tempo que advogado ou, antes, *porque* advogado, não mais apenas um jurisconsulto, como outrora, mas também um pouco financista, comerciante, industrial, engenheiro, arquiteto, contador, artista, escritor, médico, economista, sociólogo... que sei eu!

Seu cérebro tende a tornar-se enciclopédico. Precisa abarcar todos os conhecimentos humanos! Como então espantar-se de que o possa fazer apenas de maneira às vezes um tanto apressada e superficial?

Tal *onisciência* não poderia ser profunda! Já é notável que ela exista!

O que é preciso admirar é que o advogado consiga atender a tudo, que, para cumprir seu papel na audiência, discutir com proveito e arrazoar adequadamente, ele consiga, com uma surpreendente flexibilidade mental, assimilar as noções mais alheias à sua formação profissional.

Mas não se deve pedir-lhe mais. Seria soberanamente injusto recriminá-lo por não saber tanto sobre todos os assuntos quanto um técnico em sua especialidade.

A lei física segundo a qual "perde-se em força o que se ganha em velocidade" não é verdadeira somente em física. Pode-se dizer que ela se aplica, se não com todo rigor, pelo menos em ampla medida, também ao cérebro humano. Este não poderia fazer frente a tudo, a não ser em detrimento de sua aplicação em cada coisa.

Mas a velocidade é a grande característica – eu ia dizendo a grande mania – do século. A advocacia naturalmente teve de submeter-se a ela! Perdeu com isso? Ganhou? Devemos rejubilar-nos ou deplorar? Tudo depende do valor comparativo que se atribui à força e à velocidade.

E mesmo essa opinião está sujeita a mudança, dependendo do tempo em que seja considerada...

Digamos pois, simplesmente, que não é menos difícil adquirir, hoje, essa velocidade e essa espécie de ubiqüidade intelectual, do que o era outrora ter força e profundidade sobre um ponto específico.

As qualidades necessárias talvez sejam diferentes. Mas é certo que umas não exigem menos esforço, menos inteligência nem menos trabalho do que as outras.

E, sem a menor dúvida, é válido dizer que nunca a profissão foi mais tirânica do que hoje.

6. *A vida do advogado*

Sem tê-la visto de perto, é difícil imaginar o que pode ser atualmente a existência de um advogado atarefado.

A ela se aplicaria com muita exatidão a expressão de Esopo: "É ao mesmo tempo a melhor e a pior das coisas."

A melhor, porque não há profissão mais bela nem mais apaixonante.

E quem é que fala assim da advocacia? É um advogado, sempre suspeito de pleitear *pro domo sua*?

De forma alguma! É uma testemunha imparcial por excelência, por sua própria posição, e mais bem informada que ninguém sobre as coisas do Palácio: é um magistrado, um magistrado eminente cujo nome respeitado chegou até nós como sinônimo de elevada consciência, de grande caráter e de admirável integridade: é o chanceler de Aguesseau, em sua famosa mercurial sobre a independência do advogado.

Como qualifica ele a Ordem dos Advogados? "Uma ordem tão antiga quanto a magistratura, tão nobre quanto a virtude, tão necessária quanto a justiça."

Em seguida ele avalia nestes termos a profissão de advogado:

"Um estado em que fazer fortuna e fazer seu dever não são mais que uma mesma coisa; em que o mérito e a glória são inseparáveis; em que o homem, único autor de sua elevação, mantém todos os outros homens na dependência de suas luzes e força-os a prestar homenagem unicamente à superioridade de seu gênio."

O chanceler de Aguesseau, o maior magistrado de seu século, podia permitir-se falar bem da advocacia, mais do que um advogado poderia decentemente fazê-lo.

Entretanto nos seja dado acrescentar, deixando de parte o aspecto honorífico e lisonjeiro de nossa profissão, que sem dúvida não há estado em que, mais que na advocacia, um homem tenha a oportunidade de tornar-se útil a seus semelhantes. Não há outro em que ele seja solicitado a conhecer e a aliviar mais misérias e mais infortúnios dignos de interesse. Por fim, não há outro em que, egoisticamente, caso procure apenas uma ocupação agradável e inteligente, ele tenha oportunidade para fazer de suas faculdades um uso melhor, em condições mais variadas e mais interessantes.

Entretanto, não dissemos há pouco que, se essa vida de advogado é a melhor, é também a pior?

É que, apesar de todas as vantagens, em verdade não há servidão que lhe seja comparável.

Não há existência mais fatigante que a do advogado, nem que mais monopolize o cérebro e o tempo de quem se dedica a ela.

Um funcionário, quando está fora de seu escritório, pode desfrutar de algum lazer e, se assim posso dizer, despojar-se totalmente de suas funções para se entregar por inteiro ao repouso.

Um médico, terminadas as visitas ou as consultas, embora continue à mercê de um chamado dos pacientes, pode entregar-se tranqüilamente ao descanso, à vida social ou à vida em família.

Um militar fora de seu turno veste-se à paisana e se torna o mais despreocupado dos homens.

Um engenheiro e mesmo um industrial também podem fazer a distinção, traçar uma separação bem nítida entre a existência profissional na fábrica e a vida privada.

Mas pode-se dizer que um advogado atarefado já não tem vida privada.

Afora o pouco tempo dedicado ao sono, não há um minuto que seja realmente alheio às suas preocupações ou ocupações profissionais.

É-lhe quase impossível, mesmo que apenas um instante por dia, libertar a mente de todos os cuidados para desfrutar o prazer de ser apenas ele mesmo.

Por quê?

Ora, porque, se podemos arriscar esta metáfora, seu escritório, sua fábrica, seu hospital não são o Palácio da Justiça, como em geral se acredita erroneamente, e nem mesmo o gabinete de advogado: são seu próprio cérebro e sua vida inteira.

Ele pode pendurar a toga no vestiário ao sair do Palácio. Mas esse gesto, por mais simbólico que pareça ser, não basta para devolver-lhe a tranqüilidade mental.

Aliás, não está levando consigo alguns autos em que trabalhou há pouco na biblioteca? Esse fardo, que lhe pesa menos no braço que na cabeça, vem ininterruptamente lembrar-lhe que não está livre.

Assim, seu cérebro, totalmente impregnado pelas preocupações, está constantemente trabalhando. Não conhece trégua nem repouso.

Uma severa disciplina comanda-lhe os dias.

Sem isso ele não conseguiria enfrentar todas as suas ocupações.

Logo de manhã, assim que acorda – às seis horas no inverno, amiúde mais cedo no verão –, ele começa a trabalhar com uma imutável regularidade.

Às oito horas está em seu escritório, instalado à escrivaninha, verificando a correspondência e já respondendo a ela.

Enquanto escreve ou dita as cartas a uma datilógrafa, a campainha do telefone interrompe-o a todo instante.

Sem por isso interromper a correspondência, ele segura o receptor: "Alô! Alô!" E são aquelas esperas exasperantes, após o tradicional "Pronta a sua ligação, senhor"; as comunicações bruscamente cortadas no momento crucial, as novas chamadas infrutíferas e as solicitações tediosas e geralmente inúteis: "Mas por favor, senhorita, ligue-me novamente com Elysée 00-00" – tudo alegrias que os felizes assinantes desse infernal mas indispensável instrumento conhecem bem demais, infelizmente!

Às nove horas os clientes começam a chegar. Mal termina a correspondência, é preciso recebê-los.

Um juiz presidente, impacientando-se com os longuíssimos preâmbulos de um arrazoado, bradava: "Senhor advogado, queira passar para o dilúvio!"[1]

Esse juiz com certeza nunca tivera de receber clientes em seu gabinete de advogado, durante os dois anos obrigatórios de estágio na advocacia.

Muitas vezes é uma dura escola de paciência.

Para alguns que sabem expor clara e concisamente o objetivo de sua visita, quantos outros que se perdem em intermináveis detalhes ociosos, sem a menor relação com seu caso!

Porém é preciso ouvir tudo e deixá-los falar, por medo de não ficar conhecendo um lance útil, um argumento probatório que talvez surjam no meio de toda essa tagarelice sem interesse.

Sem interesse? Vamos ser claros. Nem sempre é assim. Depende muito do ponto de vista pelo qual se olha.

---

1. Referência à peça de Racine *Les plaideurs* (Os litigantes), ato III, cena 3, em que o Intimado começa sua argumentação com as palavras "Antes do nascimento do mundo..." e é interrompido por Dandin nestes termos: "Advogado, ah! passemos para o dilúvio!" (N. do T.)

Freqüentemente um romancista, um autor dramático, um filósofo, interessados em psicologia, um moralista lhes dariam sem dúvida a mais viva atenção.

Com efeito, um gabinete de advogado não será um incomparável campo de observação onde se vê viver e palpitar a nu a alma humana?

A maioria dos que nele entram estão a braços com preocupações muito intensas, geralmente graves, que já não lhes deixam o controle de suas atitudes! O que eles vos trazem é vida palpitante!

Pode-se observá-los ainda melhor porque eles mesmos já não se observam. Totalmente entregues a seu assunto, não pensam em vigiar a forma que dão à expressão dos sentimentos e das paixões.

Ademais, eles se fiam – e têm razão – no segredo profissional. Sabem muito bem que nada do que possa ser dito entre as quatro paredes desse escritório de advocacia jamais cruzará as portas duplas acolchoadas.

A segurança do segredo guardado já não é metade da confidência?

Por isso, assim como o pudor físico não entra no consultório do médico, o pudor moral geralmente não tem lugar no escritório do advogado.

Este recebe, quase diariamente, pessoas de cuja existência nem sequer suspeitava um momento antes, e que lhe fazem confidências sobre certos dramas ocultos de sua vida, dramas que a própria família ainda ignora completamente.

Mulheres que ele vê pela primeira vez e que amiúde vieram sem o conhecimento dos familiares lhe revelam de supetão, como a um confessor, segredos terríveis cuja admissão nunca antes lhes atravessara os lábios.

Enquanto permaneceram na sala de espera com outros clientes, elas mantiveram a compostura e, apesar das secretas angústias que as roíam, souberam conservar uma fisionomia impenetrável.

Porém, mal entraram no gabinete do advogado, mal a porta fechou-se às suas costas e, como incapazes de se conter um instante mais, elas bruscamente se desfazem em lágrimas, o rosto nas mãos; e com a voz entrecortada de soluços começam a expor os dolorosos motivos de sua aflição misteriosa.

Imploram conselho; querem conhecer seus direitos, saber o que podem esperar dessa lei feita pelos homens e que às vezes lhes é tão dura.

Elas não se recompõem, com essa espantosa força de alma e de dissimulação que é característica de seu sexo, a não ser para abandonar o refúgio do segredo e para, quando daqui a pouco estiverem de volta ao lar, nada mais deixarem transparecer do breve minuto de fraqueza que acabam de se conceder a fim de aliviar um pouco seus nervos demasiado tensos.

Um escritor em busca de assunto faria ali uma farta colheita de documentos verídicos e impressionantes, pois poderia observar em toda a sua exacerbação as reações da alma humana em estado de crise.

Um diletante da psicologia passaria ali horas, perto das quais as cenas mais realistas do teatro lhe pareceriam singularmente insípidas e sem cor.

Mas um advogado não tem, em semelhante caso, nem o gosto nem o vagar de ser diletante. Não tem tempo de deter-se na observação do documento psicológico nem de apreciar-lhe o sabor.

Pois uma segunda natureza domina-o de alguma forma e o faz ver as coisas sob um ângulo especial: o ponto de vista profissional.

Apenas este se impõe à sua mente e em parte impede-o de olhar o restante.

Através dessas explosões de dor, de ódio ou de paixão que testemunha, ele, por hábito, considera apenas o "caso judiciário", avalia as possibilidades de sucesso do processo que lhe pedem para abrir, evoca a lembrança de decisões de jurisprudência em casos análogos, formula mentalmente os considerandos da citação que será preciso enviar ou das alegações que deverá escolher.

Como o médico, que no sofrimento exibido a seus olhos procura apenas o diagnóstico a apresentar, o advogado, nas confidências que recebe, preocupa-se antes de mais nada com o partido jurídico que poderá tirar delas.

Ele relaciona tudo com a defesa dos interesses de que está encarregado. Traduz em linguagem judiciária, visando ao sucesso da causa que lhe é confiada, os brados de dolorosa humanidade que vêm ferir-lhe o ouvido e muitas vezes, sem que o deixe transparecer, comover-lhe a piedade.

Eis por que, na realidade, a advocacia não tem com a literatura tantas semelhanças e pontos de contato como se pensa e se repete habitualmente.

Como os objetivos a atingir diferem essencialmente, o advogado e o homem de letras não podem considerar as mesmas coisas da mesma maneira.

Um procura unicamente o interesse de seu cliente e propõe-se apenas a lhe ser útil, nas formas aceitas pela justiça e seguindo as regras da Ordem dos Advogados. O outro procura criar beleza e, para isso, não segue outra regra além da fantasia e da inspiração.

Suponhamos que o mesmo caso psicológico seja tratado alternadamente por um e por outro. O romance que dele resultará será essencialmente diferente do arrazoado do advogado.

O que não significa que este não possa atingir a mesma beleza que aquele. Mas certamente será sem intenção e por meios diferentes, pelos quais o advogado de início terá pretendido apenas ser útil a seu constituinte.

Os detalhes que mais contribuirão para o sucesso do romance talvez nem sequer se encontrem mencionados no arrazoado, porque há casos em que o interesse do cliente exige que o advogado saiba calar-se sobre certos pontos, mesmo que esse silêncio deva custar-lhe o sacrifício de um sucesso pessoal garantido.

Da mesma forma, o romancista poderá permitir-se todos os requintes de estilo que parecerem contribuir para tornar sua obra mais original e mais forte.

Já o advogado deverá abster-se de empregar na sua sustentação um estilo demasiado denso ou erudito, feito para a escrita e que não seja fácil de acompanhar oralmente.

Deve contentar-se (o interesse do cliente assim exige) com um estilo claro, exato, apropriado e conforme com o que os magistrados têm o hábito de ouvir.

Sua única elegância é a pureza da língua, a propriedade do termo, a agudeza e a engenhosidade da tirada. Afinal de contas, será isso pior que o estilo de certos jovens literatos cujo excessivo apuro resulta somente em tornar-se incompreensíveis e em que, com demasiada freqüência, a obscuridade encobre apenas a nulidade do pensamento?

Em suma, o romancista depende apenas de si mesmo, obedece apenas à sua inspiração, visa apenas ao sucesso da obra, procura apenas o prazer e a aprovação dos leitores, ao passo que o advogado não tem a mesma liberdade. Além de sujeito às regras de sua Ordem, está atado pelas exigências da defesa do cliente. Procura somente o interesse deste, curva-se aos hábitos e ao estilo judiciários, e não se esforça por seduzir o público que o escuta mas apenas por persuadir os magistrados que julgam.

Para isso, a frase de efeito não vale o argumento exato. O lado estético da argumentação cede passo ao lado jurídico ou científico, e o advogado deve constantemente lembrar-se de que não está ali para brilhar e sim para convencer.

Por isso é natural que ele se habitue a encarar tudo por esse ângulo e que o critério da utilidade seja o primeiro a guiá-lo.

A arte entra apenas em segundo plano e na medida em que não prejudicar à defesa. Assim, ele nunca pretende fazer de seu discurso uma obra de arte – o que não impede que isso aconteça com freqüência.

* *

Eis por que é grande sua impaciência quando pensa em todo o tempo perdido que representam essas tagarelices inúteis dos clientes confusos e prolixos que se demoram em seu gabinete.

Um humorista lamentava que não existisse para eles uma poltrona mecânica, impulsionada por um movimento de relojoaria, que após cinco minutos automaticamente pusesse porta afora o visitante importuno.

O relógio colocado sobre a escrivaninha lembra-lhe que tem apenas o tempo exato para almoçar se não quiser perder as audiências a que deve comparecer.

Pois estas, apesar de terem se retardado um pouco nos últimos anos, mesmo assim ainda começam numa hora em que a maioria dos parisienses, e sobretudo das parisienses, estão pensando em ir para casa almoçar.

É uma das imposições da vida de advogado, essa obrigação de almoçar sozinho, às pressas, todas as manhãs às dez e meia ou dez e quarenta e cinco.

Depois de acompanhar à porta o último cliente, mal tem tempo de engolir em quinze minutos sua frugal refeição, enquanto pensa no caso em que vai atuar – e já é preciso pôr-se a caminho do Palácio da Justiça.

Os que moram longe do Palácio e que para chegar precisam tomar um veículo qualquer sabem muito bem que, como que de propósito, justamente quando têm mais pressa de chegar é que o bastão branco de um guarda de trânsito lhes impõe uma interminável e exasperante espera. O trânsito tornou-se impossível desde que foi regulamentado.

Essa é uma das mil manifestações do tão conhecido princípio da má vontade da matéria!

No vestiário da Ordem, onde vai paramentar-se com a toga, o advogado reencontra colegas que também se apressam em vestir-se para comparecer a uma audiência e freqüentemente a várias, quase simultâneas, nos quatro cantos do imenso Palácio.

Geralmente também encontra sob seu barrete uma volumosa correspondência, proveniente tanto de pessoas desconhecidas que, ignorando seu endereço, escrevem-lhe para o Palácio, como de procuradores e de confrades marcando um encontro urgente para discutirem casos comuns.

Ele não tem tempo sequer para abrir a correspondência. Leva-a consigo para percorrê-la daqui a pouco, na audiência em que seu caso está na pauta, enquanto espera a vez de tomar a palavra.

Depois será a sustentação oral que o manterá em ação uma parte do dia, com todas as faculdades concentradas nesse esforço oratório.

Nem chega a ser raro ver um advogado ocupado atuar no mesmo dia perante jurisdições diferentes.

Assim que encerra seu arrazoado diante do tribunal ou da Corte, ele tem de deixar às pressas o Palácio, levando a toga dobrada em uma maleta, para ir falar no Cherche-Midi perante o Conselho de Guerra, ou num longínquo distrito parisiense diante de uma comissão arbitral ou de um juiz de paz. Muitas vezes, simplesmente se dirige em frente, do outro lado da avenida do Palácio, ao Tribunal do Comércio, utilizando para isso a passagem subterrânea ou atravessando a avenida sob os olhares irônicos dos transeuntes.

Mas, não importa qual seja o lugar onde vá advogar e ainda que tenha de permanecer no Palácio, diante da mesma câmara, a fadiga é igual. A tensão mental, o desgaste nervoso e o esforço físico exigidos por uma defesa pronunciada quase ao sair da mesa e na atmosfera viciada e superaquecida das salas de audiência põem-lhe à prova as forças e a saúde mais rudemente do que podem imaginar os que não experimentaram a vida da advocacia.

Mesmo as suspensões de audiência, apesar de feitas para dar a juízes e advogados um instante de trégua, não proporcionam a estes o menor repouso. Pois nos corredores e nas galerias do Palácio ele encontra colegas, procuradores, às vezes clientes que vêm um após outro falar-lhe de casos distintos; é preciso poder discutir com eles de imediato, estando prontamente a par da questão e no âmago do assunto.

Todos os autos que um advogado arrumou nos armários de seu escritório é preciso que também os tenha classificado na cabeça. A simples repetição de dois nomes deve bastar para evocar o caso nos mínimos detalhes. A todo momento, ao acaso dos encontros, ele deve estar em condições de responder a qualquer pergunta referente a qualquer dos processos que estão consigo.

Terminadas as audiências, caso não fique retido no Palácio até uma hora ainda mais tardia devido à convocação de algum juiz de instrução para assistir ao interrogatório de um cliente, o advogado volta para seu domicílio.

Volta apenas para reencontrar as ocupações de sua manhã tão atarefada.

Novas cartas a responder, novos clientes a receber, telefonemas a dar.

E é assim até a hora do jantar, sem que ele possa encontrar um momento, não digo para descansar ou somente para respirar um pouco, mas mesmo para se dedicar ao estudo dos processos mais urgentes, sem ser perturbado a todo minuto.

É somente depois de jantar – caso ainda não tenha além de tudo uma arbitragem – que ele disporá de poucas horas, indispensáveis para dar conta do trabalho mais urgente.

Apenas quando viaja para trabalhar no interior ele tem um pouco de descanso – se é que duas noites consecutivas passadas em trem e um dia de visitas e de debate oral podem ser considerados como um descanso. Entretanto não deixam de ser, pois são vinte e quatro ou quarenta e oito horas durante as quais o advogado, longe de seu escritório, terá um pouco a impressão desse benfazejo relaxamento intelectual que nunca experimenta em casa.

Mas e o domingo? – perguntarão.

O domingo! É justamente o dia em que ele mais trabalha, pois é o único dia em que pode trabalhar tranqüilo.

Após dedicar a manhã aos esportes – caça, golfe ou tênis –, passa o dia todo trancado no escritório, colocando em ordem o serviço atrasado, revendo as anotações para as defesas, preparando os processos.

E na segunda-feira a vida febril recomeça ainda mais intensamente, mal lhe deixando tempo para enfrentar as ocupações mais urgentes.

Se a esse quadro simplesmente verídico acrescentardes a vida mundana, as recepções, os convites para jantar, algumas conferências que lhe pedem para as obras sociais

– coisas que, para o advogado, são quase uma obrigação profissional a acrescentar a todas as outras –, tereis uma idéia mais ou menos exata de como é sua vida.

Não está correto dizer que é ao mesmo tempo a vida mais interessante, mais bela e também mais difícil que existe?

O advogado conhece incomparáveis satisfações de espírito, de amor-próprio e de posição. Mas leva uma vida fervilhante, trabalhando quinze horas por dia, tendo a mente esgotada pelas preocupações com os processos de que está encarregado, o tempo monopolizado pelo exercício de uma profissão que o toma por inteiro e que, como uma túnica de Nesso, devora-lhe todas as forças, absorve toda a sua vida, abandonando-o apenas com a morte.

7. O advogado estagiário

Os jovens que buscam o sucesso não são menos atarefados que os veteranos cuja carreira o êxito já coroou.

Não vamos nos deter nos estudos preliminares que tiveram de fazer antes de chegar ao Palácio da Justiça: a graduação em Direito, amiúde complementada por uma graduação em Letras e geralmente aprofundada por um estágio num escritório de procurador judicial ou comercial.

A Faculdade de Direito tem a reputação, bastante sólida se não justificada, de não sobrecarregar de trabalho os estudantes que nela se inscrevem.

É verdade que um exame de Direito pode ser preparado às pressas, sem jamais se ter assistido a um curso, por meio de obras resumidas especialmente para uso dos candidatos, onde se encontra apenas o essencial das questões a que eles terão de responder.

Mas o estudante pode também, se assim quiser, estudar Direito dez horas por dia, durante três anos, sem perder tempo e sem conseguir esgotar o vastíssimo programa que a graduação abrange! Sem dúvida esse segundo método não é o menos recomendável quando o objetivo é uma profissão como a advocacia, da qual o Direito constituirá, por assim dizer, o alimento diário.

Entretanto, se muitos jovens praticam mais o primeiro sistema que o segundo, geralmente não é por preguiça mas sobretudo por falta de tempo. É que eles querem cumprir simultaneamente o curso de Direito e o estágio em um escritório de procurador.

Ora, isso absorve a maior parte de seu tempo. Todas as manhãs de oito e meia ao meio-dia, todas as tardes de uma e meia ou duas horas até as cinco ou seis horas, é preciso que estejam no escritório, ocupados unicamente em iniciar-se nos segredos do procedimento prático.

Eles redigem rascunhos de citações, alegações, qualificações; recebem clientes; escrevem cartas; telefonam; "fazem o Palácio".

Essa formação prática é indispensável para quem não quiser ver-se desorientado ao sair da Faculdade de Direito.

O auxiliar de um procurador conhece, por tê-lo seguido passo a passo, o andamento normal dos processos na justiça; sabe, à primeira vista, encontrar nos autos o fio do procedimento, localizar imediatamente a peça importante de que necessita. E quando por fim se torna advogado e um cliente vem expor-lhe um caso, sabe aconselhá-lo pessoalmente sobre a melhor maneira de entrar com o processo e de manter-lhe a direção efetiva.

O estágio em um escritório de procurador comercial não é menos útil. Exige maior assiduidade que o do procurador judicial, requer um trabalho mais pessoal e mais absorvente; porém também proporciona mais rapidamente a verdadeira prática e o manejo dos casos. Enfim, coloca-o de um só golpe em plena marcha dos negócios, exatamente no centro desse Tribunal de Comércio que os advogados conquistaram.

Quando se sente bastante seguro de si mesmo, munido de uma bagagem teórica e prática suficiente, o bacharel em Direito solicita sua admissão no estágio.

Engravatado de branco, paramentado com uma toga (geralmente alugada para essa circunstância solene), uma quinta-feira, na abertura da audiência da Primeira Câmara da Corte, após a apresentação do presidente da Ordem dos Advogados e diante do primeiro presidente, ele é chamado para prestar juramento.

Lêem-lhe a fórmula sacramental, pela qual ele se compromete a respeitar as leis em vigor, a nada dizer contra o poder estabelecido nem contra as autoridades constituídas. Ele estende a mão direita com um gesto nobre e diz: "Juro." É advogado!

Impaciente por entrar em sua primeira batalha, imediatamente se inscreve na Assistência Judiciária para prestar atendimento gratuito.

* *

O primeiro caso – Alguns dias mais tarde, ele recebe uma carta do presidente da Ordem avisando-o de que foi designado para defender um indivíduo detido na prisão da Santé, o qual é acusado de "vagabundagem, embriaguez, desacato à autoridade e rebelião".

Munido da autorização de visita, ele acorre à prisão da Santé, cujas altas muralhas dominam o distante, tranqüilo e deserto bulevar Arago.

Passa orgulhosamente diante da sentinela a postos na porta da prisão e que para ele não barra a entrada.

Um guarda bonachão, de gestos lentos e compassados, gira uma pesada chave numa enorme fechadura.

Ele entra. Atravessa o pátio. Cruza outras portas que se abrem à sua frente. Sobe as escadas: está em pleno centro da praça!

Estende seu passe para o visto. O guarda encarregado compulsa longamente um volumoso registro, escreve no passe números misteriosos, indica ao jovem estagiário a direção do bloco superior.

Lá, ao pé de uma grande escada, no final de um sombrio corredor para o qual se abrem de um lado e do outro as portas de seis parlatórios, alguns advogados aguardam seus clientes, que um guarda vai sucessivamente chamando, com uma voz tão retumbante quanto indistinta.

Logo uma silhueta aparece no alto da grande escada de pedra e começa a descer.

É um homem de seus sessenta anos, sujo, em farrapos, rosto hirsuto e estúpido, olhos negros e esquivos sob o matagal de pêlos grisalhos das sobrancelhas.

Interpelado pelo guarda, diz seu nome. É ele! O primeiro cliente do jovem estagiário!

O guarda plácido tranca juntos num parlatório desocupado o jovem imberbe e cândido e o velho reincidente e barbudo.

O advogado começa colocando a mesa entre seu inquietante cliente e ele. Depois, conscienciosamente, interroga-o com benevolência sobre os delitos de que é acusado, sobre seus antecedentes, sobre todas as circunstâncias que possam atenuar-lhe a culpa.

Fica sabendo, não sem um secreto desânimo, que a folha de antecedentes de seu cliente já conta com uma dezena de condenações diversas; que este não pode comprovar nenhum trabalho regular há muitos anos; e que além de tudo encara com serenidade uma estadia de alguns meses na prisão durante o inverno.

Que fazer de um cliente assim? Que dizer em sua defesa?

O jovem estagiário evoca mentalmente as grandes sombras desaparecidas dos mestres da eloqüência judiciária.

Que teria feito Berryer em semelhante circunstância? Que teria dito Lachaud em tal conjuntura? Evidentemente, uma causa como essa nada teria acrescentado à glória de ambos!

* *

O tribunal correcional – Ademais, a atmosfera das audiências do tribunal correcional presta-se tão pouco aos belos movimentos oratórios! O ambiente é acanhado. O advogado fica perto demais do tribunal para que seu discurso possa ganhar ímpeto ou somente deixar o tom de conversa, quase de confissão.

Os juízes estão apressados demais para ouvir longas explanações. Começam por despachar em alguns minutos todas as fornadas de flagrantes delitos. Os guardas de plantão mal têm tempo de trazer e levar de volta os acusados e eis que estes já estão julgados e condenados e outros vieram tomar-lhes o lugar no "banco da infâmia".

Despejam-se ali prisões e multas em um ritmo vertiginoso, que desconcerta e estupefica os que falam de oitiva sobre a lentidão da justiça!

Essa execução em massa, em marcha acelerada, contribui para determinar o ritmo do restante da audiência. Aliás, não poderia ser de outra forma.

O juiz-presidente inclina-se para o assessor da direita, pede sua opinião. Este menciona um número: seis meses de prisão. O assessor da esquerda prefere quatro meses. O juiz-presidente, distraído, faz uma soma: o acusado é condenado a dez meses de prisão...

A pauta está tão carregada que é preciso não se atardar em ponto algum, caso se pretenda julgar tudo durante a audiência.

Considerai que, em certos dias, em menos de quatro horas será preciso liquidar mais de sessenta casos. Isso dá em média menos de cinco minutos para cada causa.

Como bem se pode imaginar, a defesa tem de marchar no mesmo passo. Se o advogado não quiser indispor o tribunal, sua principal qualidade será a rapidez.

Assim, na maior parte do tempo ele se contenta em apresentar algumas breves observações, seja para informar os magistrados sobre elementos de moralidade favoráveis ao acusado, tais como bons atestados de trabalho, seja para discutir a materialidade ou as circunstâncias do delito, ou por fim, quando não há outros recursos, para apelar, sem grande esperança, para a indulgência do tribunal.

Evidentemente é aí que a tarefa do advogado é mais ingrata, é aí que ele experimenta a impressão da inutilidade de seus esforços. E no entanto tal impressão é falsa. Aí como alhures, não há esforço inútil se o advogado souber conservar a fé na utilidade de sua missão.

Aí como alhures, a convicção sólida sabe impor-se e o defensor pode levar o tribunal a partilhar seu modo de ver, desde que ele mesmo não pareça desacreditá-lo logo de saída!

Evidentemente, não deve esquecer que está tratando com magistrados de carreira, cuja formação profissional, em ampla medida, coloca a sensibilidade ao abrigo dos assaltos de eloqüência ou dos efeitos de audiência que dariam resultado com os jurados.

Portanto, ele não falará como falaria no tribunal do júri, diante dos juízes ocasionais que são os jurados.

Essa necessária adaptação não impedirá o advogado experiente de mostrar suas qualidades e de usá-las para fazer triunfar sua influência.

Geralmente é diante de uma câmara correcional que os jovens estagiários pronunciam sua primeira defesa. Sem dúvida, não há gênero mais difícil que essas curtas observações em que apenas o essencial deve ser dito, com autoridade, força, convicção e experiência, diante de um tribunal cético, impaciente e sobrecarregado de serviços.

Mas os jovens não atuam somente no correcional. Também recebem da Assistência Judiciária muitos casos cíveis. Considerai que todo ano há mais de vinte mil processos de Assistência Judiciária no tribunal do departamento de Seine, e que esse encargo compete quase unicamente às poucas centenas de estagiários, voluntários para esse tipo de processo. Ora, em sua maioria – excetuando-se os julgamentos de divórcio à revelia e os pedidos de divisão de bens contendo um documento do síndico da falência – esses processos demandam tanto trabalho, tantas pesquisas de jurisprudência quanto os casos mais importantes. Para os advogados novatos, a Assistência Judiciária é mais ou menos como o hospital para os médicos residentes. O trabalho sendo gratuito nem por isso é menos árduo. Tampouco é menos importante, pois se exerce com a "humanidade" verdadeira. A quem quiser realizá-lo conscienciosamente, como deve ser, custa muito esforço e muito tempo e não traz proveito, a não ser de uma forma indireta, hipotética e distante. Via de regra, o advogado que a ele se dedica não pode nem mesmo esperar o reconhecimento do cliente pelo qual ele se desgastou sem se poupar. Pois, por um estranho fenômeno psicológico, muito amiúde o cliente não tem consideração por um advogado ao qual não pagou honorários. E, pior ainda, não é raro ele suspeitar de sua dedicação, sob o pretexto de que não a recompensou. Portanto, é preciso reconhecer o verdadeiro mérito dos advogados da Assistência Judiciária. No cumprimento de sua tarefa ingrata, devemos admirá-los e proclamar bem alto o belo exemplo de solidariedade humana, de trabalho e de dedicação desinteressada que assim a advocacia oferece diariamente.

Mas, apesar do interesse dos processos cíveis, apesar dos muitos detalhes pitorescos e saborosos que se podem encontrar nos casos de divórcio (após a tradicional e melancólica constatação de que "os primeiros tempos do casamento foram relativamente felizes"), apesar da vida tão crua e áspera dos casos correcionais em que desfilam em poucas horas tantos tipos de humanidade decaída –

nada disso assombra os sonhos do estagiário! O que o persegue, o que ele deseja acima de tudo é o tribunal do júri. Falar no tribunal do júri: essa é a primeira ambição da juventude.

* *

O tribunal do júri – O tribunal do júri, que diariamente fica repleto, onde a cada sessão se vêem nos bancos que lhes são reservados os repórteres policiais de todos os jornais, é para o advogado uma espécie de tribuna onde, do meio do Palácio, sua voz estende-se até o grande público. Em verdade, uma tribuna única, onde o trágico das situações, a extensão da sala, a majestade das audiências, o choque das paixões, o ardor da luta entre a acusação e a defesa, o estado de receptividade emocional do público, enfim a consciência da responsabilidade empenhada numa partida onde está em jogo uma vida humana, permitem à eloqüência dar tudo o que pode, vibrar com todas as suas cordas, atingir o patético mais pungente pelos meios mais simples, arrebatar, emocionar, convencer, e valer ao advogado, com o ganho da causa, uma justa popularidade.

Ele, que até a véspera era um desconhecido, sentirá fixos sobre si todos os olhares de uma sala febricitante; ouvirá murmurarem seu nome quando passar; será objeto das mais lisonjeiras atenções.

No dia seguinte, lerá seu nome em todos os jornais, verá talvez seu retrato, de toga, impresso em quinhentos mil exemplares, ao lado do do cliente. Que glória! Sua defesa será comentada, seu talento diversamente apreciado – louvado sem reserva por uns, talvez criticado sem amenidade por outros. Mas a crítica não é uma outra forma de celebridade?

E essa celebridade é uma fonte de novos casos, que pouco a pouco virão engordar seu escritório.

Mas que ele não se iluda! Se nada é mais rápido, nada é mais efêmero que essa celebridade caprichosa do advogado criminal!

Hoje todos os jornais estão cheios do processo que ele defende. Mas dentro de oito dias quem ainda se lembrará sequer de seu nome?

A fama que o vento da fortuna assim lhe traz o abandonará tão depressa como veio, se sua sorte e seu talento não souberem reafirmá-la diariamente.

Ele constrói na areia da popularidade um brilhante mas frágil edifício que só o seu esforço de todos os instantes conseguirá manter de pé.

E principalmente dele é válido dizer que deverá reconquistar diariamente sua posição.

Eis o que o termo "tribunal do júri" evoca na mente dos novatos.

Eis por que indiscutivelmente todos sonham em estrear ali. Não constitui para o talento verdadeiro – e quem não atribui a si mesmo um pouco dele? – a oportunidade de se manifestar? Não é o meio, se não mais seguro, pelo menos mais rápido para adquirir no Palácio uma posição invejável?

Mas poucos são os chamados e menos ainda os eleitos! Os casos criminais são raros, se comparados com o número dos que aspiram a atuar neles. E entre esses casos há os que são obscuros e passam quase despercebidos.

8. O papel do advogado

Mas, perguntarão, como pode ele concordar em pôr seu talento a serviço de miseráveis cujo crime causa horror? Como pode dedicar sua eloqüência a arrebatar criminosos do justo castigo que mereceram?

Para raciocinar assim, é preciso nunca ter visto criminosos de perto! É preciso considerar a vida de uma forma puramente teórica e classificar *a priori* os seres humanos em pessoas de bem, dignas de estima e de simpatia, e em canalhas desprezíveis e indignos de piedade.

Mas a humanidade não é assim tão simples.

É muito raro que um criminoso enviado ao tribunal do júri não seja, pelo menos em certos aspectos de seu caráter, digno de interesse, de piedade, de indulgência ou mesmo de simpatia. E também é muito freqüente que entre as pessoas de bem, que não são encaminhadas ao tribunal do júri, mas que podem ter alguma responsabilidade moral no crime, se encontrem seres infinitamente mais desprezíveis que o próprio criminoso.

Às vezes basta estabelecer tal paralelo para determinar o júri a pronunciar uma sentença de absolvição.

Mas, mesmo afora essa hipótese, há mil outras em que o criminalista pode cumprir seu papel com toda boa-fé, sem ter absolutamente a impressão de estar colocando sua dedicação a serviço do crime e sem ter em vista outra coisa além da verdadeira justiça, que não se concebe sem a piedade e o perdão!

Não me refiro aos casos em que há dúvidas sobre a culpabilidade material do acusado. E no entanto esses casos são muito mais numerosos do que o público acredita, porque ele só conhece os processos pelos relatos da imprensa. Ora, em matéria de instrução criminal, estes têm o deplorável hábito de quase sempre apresentar como certo e provado o que é hipotético e duvidoso.

Mas suponhamos um crime patente, confessado, indiscutível, sobre o qual não subsiste a menor sombra de dúvida.

Pois bem! Mesmo nesse caso o advogado pode empenhar-se apaixonadamente na absolvição de seu cliente.

Ele pode considerar tal absolvição como desejável do ponto de vista social, porque às vezes há no caso considerações que são mais importantes que a repressão do crime e que militam em favor de sua impunidade.

Por fim, há uma coisa que esquecem com excessiva facilidade os que não admitem a piedade pelos criminosos: é que quase nunca estes são os únicos envolvidos. Há também sua família. A sociedade é feita de tal forma que ao castigar o culpado atinge ainda mais duramente todos os inocentes que o cercam.

Em face de certos criminosos, o advogado é mais ou menos como o médico em face de certos doentes. Socialmente, percebe que seria melhor que eles desaparecessem. São um perigo para a sociedade e não se pode ter esperança de que melhorem ou se curem.

Mas ali está a família, que não quer ver a realidade e suplica que salve o infeliz.

Ah, para permanecer insensível e implacável é preciso não saber o que pode ser a comovente cegueira do amor!

É uma mãe, uma irmã, uma esposa, uma filha, às vezes uma noiva ou um velho pai arrasado de dor e de vergonha que vêm implorar o auxílio do advogado para salvar esse que eles amam a despeito de tudo e de todos, que amam até mesmo inda mais do que antes, agora que ele desmereceu seu amor!

É a visita deles que o advogado recebe primeiro. Suas lágrimas, suas súplicas, sua imensa dor vêm comover-lhe a piedade e determinar que aceite o caso, antes mesmo de avistar-se com o criminoso já preso. O crime, ele o entrevê então apenas através de todas as escusas de que o cercam a seus olhos:

"Aquele pobre rapaz! No fundo ele não é mau, mas é um 'fraco' que sempre teve um coração bom demais e se deixou levar! É um doente, não é totalmente responsável! É um infeliz que a miséria levou aos extremos! É um anormal sobre o qual pesam terríveis hereditariedades! É preciso arrebatá-lo à justiça; é preciso devolvê-lo à afeição dos seus, que doravante zelarão melhor por ele. Uma condenação lhe seria fatal e acabaria de empurrá-lo para o mau caminho!..."

E sei mais o quê! Não há argumentos que a afeição não invente para desculpar os crimes aparentemente mais indesculpáveis.

* *

Com o juiz de instrução – Para compreender, ao mesmo tempo, todo o infinito e estreito parentesco entre a dor e o amor humanos mutuamente estimulados, exacerbados, avivados, vivificados, é preciso ter visto o primeiro encontro do criminoso com os seus.

Não há dia em que os sombrios corredores da instrução não sejam palco de espetáculos semelhantes.

Acontecem nos andares superiores do Palácio de Justiça, onde se encontram alinhados, numerados, todos os gabinetes dos juízes de instrução. Serve-os um duplo corredor: um corredor externo, reservado à passagem do público, iluminado pela luz crua e baça de altas janelas; um corredor interno, separado do outro por uma parede divisória, quase totalmente escuro, dando diretamente para os gabinetes dos juízes, aonde por escadas especiais são levados os detidos, as mãos algemadas, acompanhados por policiais.

Enquanto o acusado está lá, entre seus guardiães, sentado em um banco, na sombra do corredor interno, esperando que o juiz de instrução o chame para o interrogatório, sua família, a alguns metros dele mas separada pela divisória, conjura o advogado a obter do juiz apenas alguns segundos de entrevista daqui a pouco, à saída da sala de instrução.

É preciso ter visto essas pobres mulheres, alquebradas de fadiga, pálidas pelas noites de insônia, as faces cavadas que as lágrimas sulcaram, os olhos vermelhos de chorarem demais, angustiadas por inquietações e freqüentemente a braços com as mais cruéis dificuldades materiais, esperarem ali durante horas inteiras o final do interrogatório, para esse breve minuto em que talvez lhes seja dado abraçar aquele que é o tema de todos os seus pensamentos e ao mesmo tempo a causa de todos os seus sobressaltos e tormentos, aquele a quem amam mais do que nunca depois que por ele suportam esse martírio de todos os instantes!

Quando por fim a porta se abre e o juiz concede a permissão pedida, é preciso ver esse impulso pungente dos dois seres um em direção ao outro, esse abraço silencioso e apaixonado em que se confundem o amor e a vergonha, a dor e o perdão, cortado somente de soluços e gemidos, enquanto os policiais, a dois passos de distância, contemplam impassíveis a cena comovente.

E depois, quando se escoa o minuto concedido, é a separação dilacerante desses seres arrancados um ao outro: os policiais retomando posse de seu prisioneiro e levando-o rumo à escada escura, onde desaparecem; a mulher crucificada sufocando no lenço um último soluço, antes de reaparecer à luz do dia.

Ah! Sem dúvida há crimes imperdoáveis, sem dúvida a repressão é socialmente necessária; mas quem não teve contato com criminosos não pode suspeitar o quanto existe neles de humanidade dolorosa e freqüentemente de desejo de remissão, dignos de arrancar um impulso de piedade, um gesto de socorro profundamente sinceros àquele em quem depositaram a última esperança!

Aliás, por que indignar-se com a missão social do advogado, quando a própria lei previu e regulamentou sua existência? Pois, afinal, esse mesmo código que organizou a repressão é que também regulamentou e tornou obrigatória a assistência do advogado.

O legislador considerou que uma era inseparável da outra e que em face da acusação era socialmente indispensável apresentar a defesa.

De fato, é do conflito de ambas, é de sua dupla ação exercida em sentidos contrários que deve surgir a justiça. Uma e outra são necessárias para estabelecer o equilíbrio nas balanças de Têmis.

O advogado, na esfera de suas atribuições, colabora para isso, da mesma forma que o ministério público.

Seria tão inútil indignar-se com a tendência às vezes exageradamente repressiva deste como com a tendência às vezes demasiado indulgente daquele.

Tanto um como outro estão em seus papéis, apresentando teses diametralmente opostas, ante as quais a recriminação seria tão inoportuna quanto o louvor.

Eles não têm a missão de julgar o crime, mas somente a de acusar ou defender o criminoso. Por que censurá-los por cumpri-la conscienciosamente demais? E se por acaso advir que o veredito do júri não seja o que devia ter sido, será justo atribuir a culpa disso a quem não estava encarregado de julgar?

Entretanto, pode acontecer que em sua missão o advogado se veja enfrentando um caso de consciência muito embaraçoso.

* *

Um caso de consciência – É a hipótese apresentada por Brieux[1] em sua última peça. Ele soube extrair efeitos muito dramáticos, com a arte tão humana, ao mesmo tempo generosa, ampla e magnífica que caracteriza seu estilo.

É a hipótese em que o advogado recebeu do cliente uma confissão de culpa, sendo porém que as circunstâncias da causa constrangem o defensor a alegar inocência.

Apanhado assim entre a boa-fé e o dever profissional, que pode ele fazer? Deve, por respeito à verdade, recusar-se a alegar inocência? Mas isso não seria trair de forma indireta o sigilo profissional?

Deve atentar apenas para sua missão de defensor e pleitear que seu cliente não é culpado? Mas isso seria trair de forma direta a verdade que é de seu conhecimento.

Devemos dizer em primeiro lugar que, felizmente para o advogado, essa hipótese dramática e tão embaraçosa acontece apenas muito excepcionalmente.

Um culpado que esconde seu segredo quase sempre o esconde até mesmo do advogado.

Este, quando é cioso de sua dignidade, evita cuidadosamente qualquer familiaridade que incite o cliente a confidências embaraçosas. Ele é o defensor, mas não lhe interessa fazer figura de cúmplice.

---

1. Eugène Brieux (1852-1932), dramaturgo francês, autor de peças de tese com problemática social. (N. do T.)

Sua atitude impõe respeito ao cliente e obriga-o a manter distância.

Este sente que encontrará em seu advogado o auxílio devotado que procura, mas que não encontrará nele a menor complacência.

Aliás, para que tal confissão? Se ele está decidido a calar-se, a nada dizer ao juiz de instrução, por que falar ao advogado? Não pressente que colocá-lo na obrigação de sustentar o contrário do que saberia ser a verdade significaria dar um golpe funesto em seu poder de persuasão?

Quem realmente deseja guardar um segredo sabe muito bem que confiá-lo a alguém é enfraquecer a vontade de resistir.

A primeira confissão é a mais fácil de reprimir. Depois que já atravessou os lábios uma vez, o segredo até então ciosamente guardado parece ter menos valor: está bem próximo de já não ser segredo.

Portanto, é possível que a confissão feita ao advogado em breve seja espontaneamente seguida de uma confissão feita ao juiz de instrução, e que o caso de consciência deixe de existir.

Entretanto, tudo pode acontecer; e, na hipótese de que ele se apresente, que pode fazer o advogado?

Pode declarar que já não sente a liberdade de espírito necessária para assumir, com todos os seus recursos, a defesa que lhe é confiada, e retirar-se do caso.

Assim, sem faltar com o dever, preserva o respeito que deve à verdade e poupa os escrúpulos de sua consciência.

O acusado escolherá outro advogado; e, alertado pela experiência, não lhe renovará suas confidências inúteis.

9. Os trabalhos de um estagiário

O "patron" – A Conferência dos Advogados

Mas voltemos a nossos estagiários, que essa digressão nos fez perder de vista por um instante.

Eles não têm somente o encargo, que já é bem pesado, de todos os processos da Assistência Judiciária e da designação gratuita para o tribunal correcional e o tribunal do júri. Têm também as consultas gratuitas, o trabalho para seu *"patron"* e o concurso do secretariado da Conferência.

* *

As consultas gratuitas – As consultas gratuitas são dadas no Palácio da Justiça, no secretariado da Ordem dos Advogados.

Assim, vários escritórios de consulta funcionam a tarde toda, várias vezes por semana.

Cada escritório compõe-se de um advogado inscrito e dois estagiários.

Diante deles desfila, durante todo o dia, um número considerável de indigentes que vêm pedir conselhos sobre os mais diversos assuntos: dificuldades com o senhorio, casos de sucessão, de partilha, de dissolução de comunidade, casos de família, negação ou investigação de paternidade, pedidos de divórcio, de pensão alimentar, de ressarcimento por perdas e danos. Não há questão que não seja abordada; e, como é preciso responder imediatamente e dar um conselho útil e exato, amiúde as luzes conjuntas do advogado inscrito e dos dois estagiários não são supérfluas. É ali, diante dessa ignorância, por vezes desconcertante, das mais elementares noções jurídicas, que se pode medir bem toda a cruel ironia deste axioma famoso de nosso direito: "Ninguém pode alegar ignorância da lei!"

As consultas gratuitas são uma das mais antigas e mais honrosas tradições da Ordem dos Advogados. Na época da realeza, Berryer viu os veteranos do Palácio darem consultas gratuitas aos indigentes na sala de espera, em torno do famoso "pilar das consultas". Sem dúvida a afluência era menor que hoje, pois atualmente um único pilar já não bastaria para subtrair os escritórios de consultas ao assalto simultâneo das questões de que é objeto. Ali é necessária uma porta para que os consulentes impacientes e demasiado numerosos só possam entrar um de cada vez e cada um na sua vez.

Dessas sessões de várias horas os advogados saem exaustos, como após um exame de Direito, pela ginástica intelectual e pelos esforços de memória que lhes foram impostos. Porém o que lamentam principalmente é ter, não diremos perdido (pois uma boa ação nunca o é) mas empregado um tempo precioso nessa obra filantrópica, quando tal tempo está sempre lhes fazendo falta para si mesmos.

* *

O *"patron"* – Pois, além de seus processos pessoais, geralmente os jovens têm de preparar processos para seu "chefe".

O *"patron"* é, por definição, um grande advogado que não consegue dar conta de todas as suas ocupações. Por isso ele concorda em escolher, entre os jovens que lhe parecem mais aptos para secundá-lo, um ou vários secretários, sobre os quais se descarrega das tarefas materiais ou das que não exigem imperiosamente sua intervenção pessoal.

Assim, seus secretários se apresentam por ele nas chamadas para audiências a que não pode comparecer.

Também recebem os clientes quando o *"patron"* é forçado a ir advogar no interior, ou ainda fazem pesquisas de jurisprudência para os processos dele, estudam as questões de direito ou mesmo preparam para a argumentação no tribunal anotações que o *"patron"* só terá de rever, retocar, completar, assimilando-as e, por assim dizer, colocando nelas sua marca pessoal.

Mas se os secretários prestam serviços ao *"patron"*, certos *"patrons"* prestam mais serviço a seus secretários. Estes, de alguma forma, beneficiam-se com o prestígio do "mestre". O brilho do gabinete célebre ao qual estão ligados reflete-se um pouco neles.

Já não são mais o pequeno estagiário sem nome, perdido na multidão incógnita de seus semelhantes; são "o secretário do Dr. X ou do Dr. Y", e tal título já é como um certificado de jovem talento, como uma promessa e quase uma garantia de uma bela posição futura.

Completam assim em boa escola sua instrução técnica; assimilam o estilo dos grandes advogados.

Havia *"patrons"* bons e menos bons. Estou falando, é óbvio, dos tempos muito antigos, sem alusões inconvenientes à época atual.

Os menos bons consideravam que honravam muito cada jovem que admitiam em sua intimidade, que lhe concediam uma graça insigne convidando-o para trabalhar em seu lugar num processo do qual conservavam todo o proveito, e que o trabalho de seus secretários era muito bem pago pelo favor de poderem apresentar-se como seus modestíssimos colaboradores!

Os bons "*patrons*" dignam-se a compreender que o início da carreira é difícil para o jovem; que o primeiro dinheiro ganho é o que dá mais prazer; que ao se mostrarem generosos, com discernimento, atraem para si a profunda gratidão daquele a quem obsequiam, ao mesmo tempo que cativam a devoção e conquistam o coração de seus secretários.

Outrora esse conceito parecia um tanto revolucionário para certos advogados veteranos que haviam iniciado carreira nos tempos felizes e distantes em que os filhos de família burguesa não tinham cuidados materiais e em que parecia quase desonroso um advogado pretender ganhar dinheiro no Palácio antes dos quarenta anos.

Infelizmente, o alto custo de vida mudou tudo isso.

Os jovens que são casados têm a preocupação, obviamente legítima, de com o exercício da profissão atender às necessidades do lar. A colaboração é uma troca de favores. Impõe-se a reciprocidade. Não basta limitar-se a receber; é preciso saber dar.

* *

Conferências do estágio – E, por fim, há no Palácio uma instituição que ocupa um grande lugar nas ambições e nas inquietações dos jovens: é o concurso para o secretariado da Conferência do estágio.

Esse título de "secretário da Conferência", bastante misterioso para os que não são iniciados nos segredos do foro, conserva um grande prestígio, mesmo fora do Palácio.

O anuário da Conferência dos Advogados é um verdadeiro Livro de Ouro.

Homens políticos ilustres (Gambetta, Alexandre Ribot, Alexandre Millerand, Louis Barthou, Raymond Poincaré, René Viviani, etc.), embaixadores (Cambon), grandes escritores (o conde de Haussonville) têm seus nomes inscritos ao lado dos de advogados conhecidos e de altos magistrados.

Parece portanto que tal título conduz aos mais altos destinos, embora, em verdade, de uma forma indireta e distante.

Já a utilidade prática imediata do secretariado da Conferência mostra-se bastante vaga à primeira vista. Mas amiúde as manifestações intelectuais cuja utilidade prática não se percebe de início são as que depois se mostram mais fecundas em resultados.

É um título muito requestado. Conta-se a esse respeito uma anedota bastante maliciosa e que tem o raro mérito de ser verídica:

Uma senhora a quem se propunha, como partido para sua filha, um jovem advogado secretário da Conferência foi pedir informações a seu respeito ao Dr. X..., presidente da Ordem, grande figura hoje desaparecida do Palácio e que se encontrava então em todo o esplendor de sua magnífica carreira, honrado, respeitado por todos, tanto pelo talento como pela célebre integridade de caráter. E como ela inquirisse:

– Mas enfim, senhor presidente, explicai-me o que é um secretário da Conferência!

– Senhora – respondeu gravemente X, com aquela solenidade lenta e glacial que o caracterizava –, quando me casei eu não tinha um tostão mas era secretário da Conferência. A senhora X, por sua vez, tinha uma bela fortuna. E dizia-se: "Esse jovem tem sorte: está fazendo um belo casamento!" Hoje se diz: "A senhora X é que fez um belo casamento!" Eis, minha senhora, o que é um secretário da Conferência!

A história não diz se a mulher, convencida pela nobre resposta, deu seqüência ao projeto matrimonial em questão...

O certo é que, se nem todos os jovens que chegam ao secretariado da Conferência têm a garantia de fazer uma carreira como a do presidente X, pelo menos todos tiveram de dar provas de notáveis qualidades, pois a escolha passa por um crivo muito severo. Aliás isso é inevitável, já que o concurso reúne anualmente mais de cento e vinte candidatos para o número imutável de doze vagas.

Os candidatos falam todo sábado, à razão de cinco por sessão, e abordam contraditoriamente, de maneira tão elegante, espirituosa, sólida e acadêmica quanto possível, assuntos jurídicos, literários, psicológicos e sociais, tais como: "O beijo trocado entre esposos em instância de divórcio constitui uma reconciliação?" ou ainda: "O fato de vender amuletos da sorte constitui delito de estelionato?"

Quando se deseja encontrar um termo de comparação para o secretariado da Conferência, geralmente se diz que ele é para o advogado o que a residência no hospital é para o médico.

Como todas as comparações, esta é em parte correta e em parte errônea. É correta principalmente no sentido de que o concurso estabelece uma seleção entre os melhores jovens e que os secretários da Conferência, como os residentes, embora não sejam todos necessariamente superiores a alguns de seus colegas, que talvez tenham fracassado por falta de sorte, indiscutivelmente formam, no conjunto, a elite de sua geração.

* *

A guerra e a juventude do estágio – Que tristeza! Quantos dessa elite da juventude de pré-guerra terão desaparecido durante a horrível tormenta que dessangrou nossa infeliz nação do melhor de seu sangue?

Quando se folheiam as páginas do anuário, fica-se aterrado ao constatar que assustador tributo as últimas turmas pagaram à morte.

Não diremos que elas foram dizimadas: o termo em seu sentido exato infelizmente estaria muito aquém da verdade.

Quase todos oficiais de reserva da infantaria, todos animados de um admirável patriotismo e de um ardor magnífico em cumprir por inteiro seu dever, esses jovens foram literalmente ceifados pela morte nos primeiros meses da guerra, arremetendo à baioneta sob o fogo das metralhadoras alemãs.

Não é raro, em uma turma de doze, contar cinco ou seis mortos e três ou quatro feridos.

A maioria deles tombou como heróis, dando prova, até o último momento, de uma abnegação sublime e de uma nobreza de sentimentos que enchiam de admiração tanto seus subordinados como seus chefes.

Mas que desolação para o foro, que perda para a França, que esses jovens de coração tão nobre, de inteligência tão luminosa, a quem seus dons magníficos prometiam um futuro tão belo, tenham desaparecido assim, levados pela onda de barbárie que inundou o mundo, antes de poderem realizar as promessas que encerravam e de poderem dar o máximo de si!

Para os que melhor os conheceram, para os sobreviventes de suas turmas, há uma injustiça do destino que nada apagará, e sua morte deixou um vazio que nada poderá preencher.

Sua lembrança permanece viva, fazendo pairar uma indizível melancolia sobre o Palácio que eles animavam ainda ontem e onde já não voltaremos a vê-los. Para todas essas jovens gerações de antes da guerra, que partiam ardentes, despreocupadas e alegres à conquista da vida, o sopro da morte passou, arrebatando-lhes a alegria, a fé no futuro, semeando em seu meio o luto e a tristeza.

E porque, dentre eles, muitos dos melhores partiram, os que pareciam mais dignos de ficar, parece que na alma dos sobreviventes alguma coisa estiolou-se para sempre. Essa juventude sofrida demais já não sabe o que é a alegria de viver nem o encanto da juventude. Tristeza de uma época bárbara em que a toga teve de ceder lugar às armas! Crueldade de um século que desconhece e desperdiça todos os seus valores e em que o pavoroso e estúpido esbanjamento das mais brilhantes inteligências, aniquiladas, afundadas na lama das trincheiras, chega a ultrapassar, se isso é possível, o horror pungente de tanto jovem sangue derramado! Mas o trigo que germina nos campos de morticínio já lhes atenua, pela promessa das colheitas futuras, a miséria desolada. As novas gerações que crescem e que não conheceram pessoalmente os sofrimentos da guerra já infundem no jovem Palácio um ardor e um sangue renovados.

* *

O concurso da Conferência – O concurso da Conferência fez renascer essas competições acirradas, esse ardor na rivalidade, essas esperanças e decepções que sempre marcaram suas peripécias. Ele faz alguns felizes, mas acima de tudo faz muitos descontentes. Mesmo entre os que são aprovados, por certo não há numa turma um único – exceto o primeiro secretário – que fique satisfeito com sua colocação. Naturalmente, os que não são aceitos têm ainda menos motivos para o ficar.

A maioria consola-se à moda de certa raposa fanfarrona da fábula. Esquecendo que concorreram, denegam todo valor ao concurso, segundo eles de um gênero basicamente falso e que não corresponde de forma alguma à argumentação no tribunal. Ou então explicam seu fracasso por questões de clã, de "igrejinha" ou de coleguismo.

Mas em qual concurso esses aspectos não são acusados de desempenhar um papel?

Ora, sem dúvida, se tal coisa pode acontecer, será menos ali do que em qualquer outra parte.

A razão disso é que os concorrentes são julgados pelos doze secretários do ano anterior, que atuam sob a direção do presidente da Ordem.

Tais juízes são demasiado jovens e independentes de caráter para se mostrarem acessíveis a recomendações. São muito numerosos e estão divididos demais para que o coleguismo possa ter grande influência. E, por fim, a liderança do presidente da Ordem vem trazer um elemento de ponderação que afasta desse júri os arrebatamentos irrefletidos.

Digamos pois que, no conjunto, suas escolhas são ditadas unicamente pela intenção de serem justos.

Aliás, como o concurso é público, é fácil, assistindo a ele, perceber que o talento ainda é o único meio real para obter um bom resultado.

10. *As mulheres na advocacia*

O talento sabe impor-se, mesmo quando assume uma forma inusitada. Não se viu, este ano, uma jovem advogada ser nomeada secretária da Conferência, apesar de, todo ano, desde que na advocacia há mulheres e que elas concorrem, repetir-se que nunca uma mulher obteria esse cobiçado título?

No entanto ela o obteve!

É uma conquista a mais no ativo do feminismo; e uma conquista à viva força, que não é de desprezar, pois desde que o concurso existe é a primeira vez que uma mulher consegue penetrar nessa praça, até então ciosamente defendida pelos homens.

A que realizou essa façanha difícil é uma amável jovem miudinha, mas vibrante de inteligência, com uma divertida expressão travessa e maliciosa no rosto muito vivaz sob os cabelos curtos, e grandes olhos ardentes onde parece concentrar-se toda a vida trepidante de sua pessoa frágil e nervosa.

Seu jovem talento fez um milagre. Sua eloqüência surpreendeu e seduziu os juízes e fez seus mais severos censores deixarem de lado as prevenções. Ela tomará assento atrás da grande mesa com o tradicional forro verde, onde se alinham todo sábado os doze secretários ladeando o presidente da Ordem. Sua impetuosidade arrombou a porta que tardavam demasiado a abrir para as mulheres.

Foi a primeira de todas as advogadas a penetrar nesse santuário. Graças a ela, seguir-se-ão outras; mas apenas ela terá o raro e difícil mérito de haver mostrado o caminho.

Também para as mulheres será esse título uma garantia de sucesso na profissão?

O presente mostra-nos algo de que duvidávamos ainda no ano passado: uma mulher secretária da Conferência. Irá o futuro mostrar-nos mulheres membros do Conselho da Ordem ou mesmo presidentes da Ordem? Mais simplesmente, essas que vemos, mais numerosas a cada ano, inscrever-se na Ordem, estarão destinadas a ter no Palácio da Justiça um emprego realmente importante e a desempenhar nele um papel verdadeiramente útil, como as que escolheram a carreira médica? Ou estão votadas a uma mediocridade que não tem sequer o mérito de ser dourada, sem nunca poderem esperar uma situação satisfatória?

Não prejulguemos o futuro, pois o presente nos demonstra todo dia a possibilidade de eventualidades em que não havíamos acreditado até então, e desabusa-nos de nossas injustas prevenções ou de nossos erros passados.

Em nossa opinião, Colette Yver, em seu interessante romance *Les dames du Palais*, colocou com grande exatidão o problema nos termos em que é preciso compreendê-lo, quando disse que a advocacia deveria poder oferecer "um lugar provisório para a viúva e para a jovem que têm necessidade de trabalhar para viver".

Com efeito, não basta dizer, como fazia um procurador junto à Corte de Bruxelas: "É em nome do respeito a que a mulher tem direito que é preciso proibir-lhe o acesso à sala de audiências: ela tem uma missão especial a cumprir, à qual deve restringir-se! Seus domínios são a maternidade e o lar." Não basta concluir, como decidiu a Corte de Bruxelas: "A direção do lar, as sujeições da maternidade colocam a mulher em condições pouco conciliáveis com os deveres da profissão de advogado." Tudo isso é muito bonito! Mas a verdade é que, embora o casamento realmente deva ser para a mulher a situação ideal enquanto a mais conforme com sua natureza e com suas aspirações, para muitas delas esse ideal nunca desce ao âmbito da realidade. Portanto é necessário, é indispensável atender ao caso em que a mulher, permanecendo sozinha contra a vontade, vê-se forçada a prover à sua existência; e que, para esse caso pelo menos, existam profissões que lhe assegurem a independência material de que necessita, enquanto espera encontrar – se chegar a encontrá-lo – aquele a quem unirá sua vida.

Nessa busca de uma posição social, a advocacia forçosamente tinha de atrair algumas mulheres. Não pareciam predestinadas a ela, devido aos próprios defeitos que se atribuem a seu sexo, que é considerado – erroneamente sem dúvida – tagarela e teimoso?

Algumas encontraram nela um marido. Dessas, pode-se dizer que o Palácio lhes foi favorável. Outras já renunciaram a uma profissão que lhes submetia a uma rude prova a força e a saúde. Ingressaram no magistério.

Outras perseveram corajosamente e atuam com consciência em numerosos processos.

A experiência ainda é demasiado recente para permitir que se tire uma conclusão definitiva. Digamos porém que, até o momento, não parece que as mulheres devam tão cedo desapossar os homens da advocacia, monopolizando os clientes.

Uma delas – mulher de grande coração e de um talento que eu diria quase viril, se esse qualificativo, elogioso na intenção, não corresse o risco de ser considerado um insulto por uma feminista – especializou-se em cuidar dos menores delinqüentes, das mulheres de Saint-Lazare[1] e

---

1. Prisão feminina, demolida em 1940. (N. do T.)

das obras sociais de reabilitação. Sem dúvida essa constitui para a advogada uma missão interessante, que suas qualidades de tato, de coração, de fineza e de bondade a tornam apta a cumprir melhor que o homem.

Mas será esse um emprego suficiente para todas as que vêm à Ordem na esperança de conseguir uma situação lucrativa? O esforço cotidiano e prolongado que é preciso empenhar durante anos não excederá as forças e a perseverança femininas?

Pois, enfim, não esqueçamos que para obter sucesso é preciso sujeitar-se a uma rude disciplina, a uma grande regularidade no trabalho. É preciso aplicar um esforço considerável, atuar em muitos casos, preparando a fundo todos os processos; e sobretudo – é o sacrifício mais penoso, porém o mais necessário – renunciar durante longos anos a qualquer recesso, pois é principalmente durante o período das férias, quando estão sozinhos no Palácio, que os advogados novatos podem começar a constituir uma clientela. Tudo isso, que muitos homens já acham logo demasiado penoso – o que explica a intensa emigração do Palácio para os "negócios" –, mulheres e moças, mais frágeis e também mais impacientes de chegar depressa, irão sujeitar-se por muito tempo a cumprir? Esperamos que a experiência o demonstre vitoriosamente. E até desejamos que isso aconteça, para bem dos encantos da advocacia.

11. *Os advogados políticos*

Dissemos que eram necessários para o advogado anos de trabalho, de assiduidade constante e de esforços intensos para chegar a constituir um escritório que tenha um afluxo mais ou menos regular de clientes.

Existe somente uma exceção – porém importante – a essa verdade: trata-se do caso do advogado que é ao mesmo tempo homem político.

Lançar-se na política é uma tentação que os advogados experimentam mais que ninguém.

Profissionalmente habituados a falar em público, exercitados em abordar todos os assuntos, em assimilar rapidamente todas as questões, em replicar quando é preciso, com presença de espírito e vivacidade, por isso mesmo eles levam uma nítida vantagem nos combates eleitorais, em que a eloqüência é soberana.

Livres em seus atos e opiniões, não tendo de prestar contas a ninguém sobre as manifestações a que podem entregar-se nos limites da legalidade, capazes de defender com talento todas as causas, não são eles os candidatos mais qualificados dos partidos em busca de representantes?

Ademais, para um advogado, ser conselheiro municipal ou conselheiro departamental, deputado ou senador, será abandonar a profissão? Não significará, antes, prolongá-la fora do Palácio da Justiça, se é verdade, segundo as belas palavras de Dupin, que "a tribuna parlamentar somente oferece uma causa a mais para ser defendida, e a mais bela: a do país!'"?

E, por fim, existem numerosos e ilustres exemplos de que um advogado pode exercer ao mesmo tempo a vida judiciária e a vida política, e de que, longe de se prejudicarem mutuamente, esses dois ramos de sua atividade, ao contrário, fortificam-se e se enriquecem reciprocamente com aportes mútuos e proveitosos intercâmbios de suas influências respectivas.

Eis sem dúvida por que diariamente vemos tantos jovens advogados, apaixonados pela política ou que procuram obter dela alguma vantagem pessoal, mostrarem-se impacientes por se lançarem nas lutas eleitorais. Portanto, a advocacia, se assim podemos dizer, é uma autêntica sementeira de futuros homens políticos.

Existe mesmo uma assembléia especial em que os jovens – principalmente os advogados – podem exercitar-se de antemão, ficticiamente, nas regras do jogo parlamentar.

Em seus encontros semanais, essa assembléia imita tão exatamente quanto possível a fisionomia de uma sessão da Câmara dos Deputados.

Todos os partidos estão ali representados, e os oradores discutem as questões na ordem do dia, com tanto calor e convicção como se de seus votos dependessem os destinos do país. E, na verdade, não basta que seu amor-próprio e sua reputação pessoal estejam envolvidos para que eles levem a esse jogo a mesma seriedade, o mesmo ardor que se fossem realmente os deputados da nação? O que não quer dizer que estes não tenham outras preocupações além de cuidar de sua situação eleitoral; mas apenas que o calor de suas discussões, freqüentemente tumultuosas, não prova mais que isso!

Contudo seria muito injusto atribuir todos os defeitos do homem político à sua qualidade de advogado.

Seja ele advogado, médico, ex-oficial, escritor, magistrado aposentado, agricultor ou veterinário, o homem político é antes de tudo homem político, e é exatamente como tal que possui tipicamente os defeitos que lhe conhecemos.

Sobretudo não se diga que o falatório estéril, as intermináveis discussões sem conclusões práticas que caracterizam as assembléias parlamentares devem-se ao grande número de advogados que nelas têm assento! A verdade é exatamente o contrário. O orador mais fluente, mais inexaurível que os anais parlamentares conheceram não era professor de filosofia?

Já Rousse indignava-se justamente contra a lenda dos advogados verbosos:

"Nesse transbordamento de vãos discursos e de sofismas mortais, na fúria de aparecer e de falar em que este país é arrastado sem retorno e em que hoje ele acaba de perder-se, é realmente cômodo fazer dos advogados os testas-de-ferro de todos os seus erros e de todas as suas loucuras! O reino dos advogados, o governo dos advogados! Como se os advogados falassem sozinhos neste país onde ninguém sabe calar-se!"

E Rousse concluía com esta afirmação à primeira vista paradoxal: que, bem ao contrário, "hoje é o advogado quem menos fala".

Entretanto nada é mais exato; e, por menos que se reflita, é perfeitamente explicável.

Pois o advogado foi profissionalmente submetido a uma disciplina do pensamento, a uma regra oratória que lhe permitem, mais do que a ninguém, ser sempre senhor de sua palavra.

A tagarelice, a prolixidade, as inutilidades são próprias de oradores a quem faltam experiência e método, que falam para nada dizer, que não vêem claramente para onde vão e onde querem parar.

Para abordar uma questão com clareza, concisão, nitidez, nada melhor do que ter tido o hábito de falar no tribunal, do que ter sido versado no estudo e no preparo dos autos, isto é, em penetrar rapidamente um problema complexo e trazer à plena luz seu ponto mais importante.

Eis por que é válido dizer (contrariamente à lenda, quase sempre aceita sem controle) que os advogados são os únicos que sabem calar-se: porque "saber calar-se" é apenas um corolário inseparável de "saber falar".

Foi precisamente um advogado que, na Câmara, tomou a iniciativa de propor que se introduzisse um pouco mais de método nos processos de discussão atualmente em vigor, que se exigisse haver uma conclusão para cada interpelação, e não somente uma ordem do dia confiadamente vaga e geral, englobando e enterrando ao mesmo tempo, sem lhes responder, várias interpelações sobre os mais diversos assuntos; e por fim que se limitasse estritamente o tempo que um orador poderá passar na tribuna.

Esse exemplo, entre outros, mostra bem qual é o estado de espírito dos advogados na Câmara dos Deputados. Longe de se disporem a perder tempo em falatórios, eles são os primeiros a preocupar-se em fazer um trabalho útil.

A partir de 1870, cinco vezes os advogados foram hóspedes do Palácio do Elisée[1]. Jules Grévy foi um dos presidentes da nossa seção da Ordem dos Advogados. Loubet e Fallières pertenciam a seções do interior; mas Poincaré e Millerand são dos nossos. Mantiveram-se inscritos em nosso quadro, mesmo durante sua magistratura suprema. Isso nos causa um grande e legítimo orgulho.

Um e outro, com qualidades diferentes, com temperamentos opostos, são grandes advogados. Defenderam os

---

1. Residência oficial do Presidente da República. (N. do T.)

casos mais complexos e mais pesados com um talento que conquistou a admiração de seus confrades.

Nas horas mais difíceis da guerra, os destinos da França foram confiados a advogados que souberam cumprir bem uma tarefa árdua. Alexandre Ribot, glorioso veterano das lutas parlamentares; René Viviani, capaz de encantar como as sereias, cuja eloqüência fez maravilhas; Aristide Briand, que criou a frente de Salônica, importante fator da vitória: todos os três foram presidentes do Conselho de Ministros durante a grande tormenta.

A política seria a chaga do mundo judiciário, se os magistrados não tivessem o escrúpulo de frustrar os detestáveis cálculos dos maus litigantes.

Estes imaginam que a influência de seu advogado parlamentar compensará a pobreza dos argumentos e o vazio do caso.

Prefeririam confiar seus interesses a um futuro ministeriável com cuja ascensão próxima contam, em vez de a um ex-ministro cujo crédito lhes parece esgotado.

Esses clientes enganam-se e insultam os magistrados que devem julgá-los.

A magistratura francesa pode inspirar a todos a mesma confiança. Ela continua a distribuir sentenças, e não favores!

Ela preserva ciosamente sua independência.

Quereis um belo exemplo disso? Num processo célebre, um jovem substituto não hesitou em sentenciar contra o rico cliente de um ministro da justiça em exercício, assim dando prova da coragem profissional e das nobres virtudes que são a honra de sua brilhante carreira. Essa atitude altaneira não prejudicou seu avanço: ele é hoje o chefe amado e respeitado da promotoria da Primeira Corte da França!

O advogado político precisa de muito tato e prudência para não dar a impressão de que vem ao tribunal usar de seu crédito junto dos magistrados, alguns dos quais podem ter sido nomeados por ele. Segundo a conhecida expressão de um confrade, que é também um homem político eminente: "A faixa do deputado não deve aparecer sob a toga do advogado."

A existência do advogado parlamentar deve ser pouco invejável. Quanto trabalho tem a fazer! Absorvido pelo Palácio Bourbon[2], ele vem correndo ao Palácio da Justiça, só o tempo necessário para falar na audiência, e não pode saborear o encanto dessas longas conversas entre confrades na sala de espera, conversas que fazem nascer as amizades e cimentam as afeições.

Nossa profissão é bastante bela para ser amada sem partilha, com uma ternura exclusiva – e ciumenta!

* *

As regras da Ordem dos Advogados e as tendências modernas – "Em vez de censurar ou de proibir o acúmulo da advocacia e da política, não seria melhor tomar como modelo os grandes advogados americanos, verdadeiros homens de negócios, cuja atividade profissional praticamente não conhece limites e pode exercer-se livremente onde bem lhes aprouver, sem ser detida ou entravada a cada instante pelas proibições de regras severas?"

Assim falam certos jovens, impacientes com o jugo de nossos usos e tradições. Chegam ao ponto de criticar inclusive nossa indumentária. A longa toga preta, o peitilho, o barrete parecem-lhes um disfarce ridículo. Dão um sorriso de irônica piedade quando lêem na coletânea das regras da profissão que o advogado não deve ter sofá em seu escritório. Um sofá! "Profundo como um túmulo!",

---

2. Sede da Assembléia Nacional. (N. do T.)

disse o poeta. O túmulo dos segredos! Por que não um sofá? Sem dúvida em consideração às visitas das belas clientes, das divorciadas excessivamente amáveis? Mas então as advogadas podem ter um sofá? Evidentemente Cresson não previu as advogadas! Com sua proibição ele visava apenas a preservar a respeitabilidade de caráter do advogado, banindo cuidadosamente do escritório, esse santuário profissional, um móvel que pode prestar-se a suspeitas de frivolidade.

Quanto a nosso traje, freqüentemente depreciado, as mesmas considerações também não o explicam? Ele visa apenas à decência no aspecto exterior do advogado. Seu único objetivo é encobrir sob uma severa uniformidade as desigualdades de fortuna entre colegas.

Um decreto de Francisco I, datado de 1540, dispunha: "Proibimos a todos os advogados entrar nos pretórios e jurisdições se não em traje decente e toga longa e barrete redondo; e que não portem barba, gibão e calções retalhados ou outros trajes dissolutos." Naquela época a barba, quem diria, era considerada um ornamento frívolo demais.

Na Idade Média, os advogados, denominados então "Cavaleiros das Leis", eram na grande maioria eclesiásticos que se apresentavam perante a justiça com a batina sacerdotal. Os advogados laicos usavam o traje longo.

Para as cerimônias, até o século XVI, a advocacia tinha um traje de gala: a túnica de púrpura. Escreve Loisel em meados do século XVI: "Tínhamos outrora a prerrogativa de usar nos dias de festa a túnica escarlate, roxa ou vermelha."

Nos séculos clássicos, o traje do advogado já se tornara mais ou menos o que é atualmente; porém a túnica possuía uma cauda (hoje substituída por um cordão), que os advogados tinham o privilégio de fazer carregar atrás de si quando se dirigiam para as audiências.

Ademais, os regulamentos cuidavam até mesmo de sua aparência fora do Palácio: deviam usar apenas "roupas pretas, exceto nas férias".

E por fim, mais perto de nós, no Segundo Império, as regras eram ainda muito mais rigorosas que em nossos dias, pois os advogados só eram admitidos nas audiências usando calças pretas e gravata branca.

Conta-se que um advogado, tendo vestido, por derrisão, calças brancas e gravata preta, o juiz-presidente perante o qual ele assim se apresentou disse-lhe severamente: "Doutor, a Corte convida-vos a pôr as calças no pescoço e a gravata nas pernas[3]."

Ademais, o porte de bigode era proibido aos homens de lei. Em 1862, um decreto vedava o uso da palavra aos advogados com bigode, nestes termos que nos parecem risíveis: "Semelhante apresentação não tem dignidade e amiúde se tornaria ridícula: o bigode só é de uso entre os militares."

Talvez a toga atual também faça rir nossos sobrinhos-bisnetos. E no entanto... E no entanto não tem sua razão de ser, essa indumentária pela qual um advogado se distingue imediatamente na multidão que lota uma sala de audiência? Não tem sua grandeza, esse uniforme que remonta tão longe no passado de nossa Ordem que se confunde com ele, essa toga que todos os advogados portam e que é a mesma para o veterano, o mais ilustre e o último dos estagiários?

Ela é verdadeiramente o símbolo de nossa igualdade no tribunal, uma igualdade que não sofre exceção afora a do talento!

---

3. Trocadilho intraduzível com a expressão "prendre ses jambes à son cou" ("pôr as pernas no pescoço"), que significava "preparar-se para partir". (N. do T.)

Sem dúvida é uma das surpresas da história ainda encontrar no âmago de nossa vida moderna, nesse Palácio onde se desenrolam dramas pungentes, um traje da antiga França.

Mas por que lamentar essa tão rara originalidade?

Será que ela nos faria, como diz Rousse, ser considerados "uma congregação suspeita, esquecida na execução de todas as outras"? A democracia, em nome do nivelamento universal, melindrar-se-ia com nossas tradições seculares e nosso espírito de grupo?

Que erro seria!

Não há em verdade ofício mais democrático que o nosso.

Nele ninguém deve coisa alguma que não seja a si mesmo, à sua sorte e a seu talento.

E não se diga que a Ordem dos Advogados é um grupo fechado! Ela tem em Paris mais de 2.500 membros, e esse número está aumentando constantemente. Para ser admitido, basta comprovar que se atende às condições essenciais: probidade, saber, independência[4].

Quanto às regras da Ordem, antes de ridicularizá-las e de pensar em livrar-se delas, talvez fosse prudente pesquisar e compreender sua razão de ser.

O recém-chegado inicialmente acha difícil suportá-las; considera-as tacanhas, antiquadas, mal adaptadas à vida moderna; indigna-se porque às vezes lhe atrapalham iniciativas que sem elas poderia tomar; sonha em aboli-las como um entrave ao progresso!

É preciso dizer a esses impacientes: "Acautelai-vos! Que pretendeis fazer? Queixai-vos de que as paredes de vossa casa restringem demais o campo de vossa atividade

---

4. Discurso de reabertura de Chenu, presidente da Ordem.

e tencionais lançá-las por terra. Compreendei porém que, se por vezes elas vos estorvam, não deixam de ser antes de tudo vosso abrigo e a condição para vosso repouso! Cuidai de não erguer imprudentemente a mão contra elas, pois no mesmo momento vossa casa desapareceria junto e nada mais vos protegeria, nada mais vos distinguiria dos homens de negócios.

"Tendes um privilégio: o de poder representar em justiça, ao passo que os agentes de negócios não são admitidos nela. Para que tal privilégio subsista, é preciso que ele seja justificado por excepcionais garantias de honra, probidade, delicadeza, independência.

"Vossas regras têm por objetivo zelar por isso. Elas vos são tutelares. Portanto, cuidai de não vos dispensardes delas. Pois se por infelicidade o conseguísseis, em que vos distinguiríeis ainda de todos os que usurpam o título de advogado sem realmente o serem? Seria o fim de vossa profissão, cuja razão de ser e cujo objetivo são antes de tudo a consulta, a assistência em justiça e as alegações. Isso é bastante, crede, para cumprir bem uma carreira e absorver toda vossa atividade. Por que desejar sair de vosso âmbito e fazer o trabalho de agentes de negócios? Quando muito sabiamente vos proíbe disso, vossa Ordem está zelando, mais do que julgais, por vossa honra e vosso repouso."

* *

Na época da Revolução – Mesmo porque já não se fez a experiência de que a abolição das regras da Ordem dos Advogados não podia resultar em nada de bom?

Não tentou a Revolução um experimento memorável, pelo qual ninguém teve motivo de felicitar-se, o público e a justiça menos ainda que os advogados?

Em 2 de setembro de 1790, um decreto sobre a indumentária dos juízes assim se expressava incidentalmente a respeito dos advogados: "Por não deverem formar nem ordem nem corporação, os homens de lei anteriormente chamados advogados não usarão em suas funções nenhuma indumentária particular." Era a supressão da toga – essa toga que hoje alguns gostariam de ver desaparecer novamente.

Alguns meses depois, um decreto de 15-16 de dezembro de 1790 permitia aos litigantes "defender-se pessoalmente ou empregar o ministério de um defensor oficioso".

Nenhuma condição de capacidade, de moralidade, de probidade nem de conhecimento era exigida para se dizer defensor oficioso. Bastava providenciar um certificado de civismo afirmando que se era "bom patriota". Sabia-se o que isso significava na época! Ali estava a tão sonhada liberdade! "A lei sagrada da natureza e da justiça", como dizia eloqüentemente Robespierre.

Conhecemos bem demais o resultado.

Foi a invasão dos tribunais por uma turba dos mais degenerados agentes de negócios, ex-condenados, ex-notários corruptos, agenciadores, refugo dos oficiais de justiça e dos procuradores: a rapacidade, a ignorância, a grosseria, as manobras desleais, a fraude ali passaram a reinar soberanas, a ponto de Delacroix-Frainville poder escrever, falando dessa época: "Deus esqueceu no Egito a chaga mais terrível, mais vergonhosa, a dos homens de lei: sem dúvida sua cólera reservou-a para a França."

Thibaudeau, membro do Conselho de Estado, deixou-nos um quadro impressionante ao descrever esses defensores oficiosos abatendo-se sobre o Palácio como "um enxame de pessoas desconhecidas que disputavam entre si os clientes com uma cupidez repugnante, exploravam os processos como um ramo de comércio e freqüentemente faliam".

E, finalmente, Merlin, em um relatório ao Diretório, concluía em 1795, após cinco anos de experiência: "A justiça ficou praticamente sem apoio, e os jurisdicionados sem justiça."

Eis o triste mas normal balanço dessa experiência. Desejaríamos repeti-la?

* *

O restabelecimento da Ordem dos Advogados – Assim, compreende-se que Napoleão, apesar de seu horror aos advogados, a quem queria reservar-se o direito de "cortar a língua", tenha se apressado, no interesse geral, a restabelecer sua Ordem.

Devemos pensar nesse precedente quando ouvirmos maldizer as regras da Ordem. Se formos tentados a modificá-las, que seja com mão prudente e leve.

Mas tratemos de não esquecer que elas são as judiciosas protetoras do público, ao mesmo tempo que de nossa reputação. Esse respeito a nossas tradições constitui nossa força e nossa grandeza. E, por fim, essa nossa severidade para conosco mesmos constitui nossa própria honra.

De resto, por mais rígidas que sejam, algum dia elas impediram um advogado de mérito de mostrar seu valor e cumprir sua missão? Algum dia elas estorvaram o verdadeiro talento?

O advogado conserva toda a sua liberdade para aceitar ou recusar uma causa. Ele depende apenas de sua consciência e de seu sentimento de justiça.

Um dos mais ilustres dentre nós pôde dizer, no final de sua longa carreira: "Nunca defendi um único processo que, se fosse juiz, eu teria feito meu cliente perder!"

Que elogio mais belo se pode fazer de seu caráter e de sua integridade profissional?

Entretanto, esse exemplo não é raro entre os advogados. Mas isso significa que eles nunca sejam defensores senão da verdade e da justiça?

Decerto que não.

Apenas excepcionalmente os processos apresentam-se com tal nitidez que o direito legítimo esteja evidentemente todo de um lado e a iniqüidade inteiramente do outro.

Tais casos não chegam até a audiência. Por outro lado, é preciso levar em conta a deformação profissional que leva um advogado, com toda boa-fé, a predispor-se a favor da causa que lhe é confiada e a ver nela antes de tudo os pontos fortes e os argumentos sólidos.

Poincaré, um advogado que a política nunca arrebatou completamente à Ordem, escreveu a esse respeito as seguintes linhas cheias de exatidão e de experiência:

"Por mais cuidadosamente que um advogado escrupuloso escolha suas causas, é raro que ele possa seguir ao pé da letra o conselho dado por Jean-Jacques a seu amigo Loyseau de Monléon: nunca ser o defensor senão da Justiça e da Virtude. Pensai um pouco: ainda não se conheceu um único advogado que ganhasse todos os seus processos. Portanto eles têm de admitir, ou que mesmo os mais conscienciosos às vezes defendem maus processos, ou então, se existem advogados que defendem apenas bons processos, que os tribunais cometem às expensas dessa elite erros bem freqüentes.

"Cruel dilema! Qual das duas hipóteses é a verdadeira? Talvez ambas o sejam. É bem possível que os tribunais não sejam infalíveis. É bem possível que, de dois advogados que se enfrentam, haja pelo menos um que não defende nem a Justiça nem a Virtude!"

Digamos antes que é bem possível que ambos acreditem defendê-las. Acontece mesmo, quando têm talento, que eles alternadamente façam seus ouvintes partilharem tal convicção. Lembrai-vos desta frase célebre e típica do bom rei Henrique IV, que bradou, no final do duelo oratório de dois advogados: "Ambos têm razão!"

É o efeito da miragem da eloqüência, que sabe adornar de cores sedutoras tudo o que toca e que embeleza.

Dizem que os egípcios consideravam-na uma deusa funesta, mestra de erros e de iniqüidade. Não confiavam nela, a ponto de bani-la de seus tribunais e de exigir que todo procedimento fosse inteiramente escrito.

É indiscutível que mesmo os mais avisados correm o risco de deixar-se levar por seus encantos.

Conta-se que um cliente, ao ouvir a história de sua vida contada por um advogado, subitamente exclamou soluçando: "Ah! eu não sabia que havia sido tão infeliz!"

Magia da eloqüência!

12. Os honorários

Os honorários devem ser proporcionais ao trabalho requerido pelo caso, ao serviço prestado, à situação do cliente, e finalmente à arte do advogado e ao seu valor profissional.

Isso significa que eles desafiam qualquer tabelamento; e os advogados nunca aceitaram a ingerência dos tribunais nem do poder sobre esse ponto.

Há um exemplo célebre disso. É a greve dos advogados do parlamento de Paris, no reinado de Henrique IV.

Em seu diálogo intitulado *Pasquier*, Loisel[1] deixou-nos a esse respeito um relato saboroso e vívido.

O memorável incidente aconteceu em 1602. Há algum tempo, Sully havia incitado o presidente do tribunal a "reprimir a exorbitância dos honorários dos advogados".

A oportunidade para o conflito surgiu com o duque de Luxemburgo, que se queixou diretamente ao rei de que seu advogado lhe pedira 1.500 escudos para defendê-lo perante o parlamento. A soma era considerável para a época.

Em decorrência da queixa, o parlamento lançou um decreto determinando que os advogados passassem a sujeitar-se à ordenação de Blois. Essa ordenação, datada de 1579 e que até então permanecera letra morta, prescrevia que os advogados deveriam passar um recibo assinado

---

1. Antoine Loisel (1536-1617), jurisconsulto francês. (N. do T.)

dos honorários que recebessem, e que a cifra não poderia ultrapassar trinta libras tornesas.

Ante a notícia do decreto, a comoção apoderou-se de toda a Ordem.

Houve diligências inúteis dos vinte e quatro advogados mais antigos, com o decano Duhamel à frente, usando a palavra em nome de seus confrades para tentar fazer o parlamento voltar atrás na decisão.

O parlamento confirma o decreto: os advogados deviam submeter-se ou demitir-se!

No dia seguinte, 19 de maio, os 307 advogados inscritos decidem abandonar suas funções e dirigem-se em bloco ao cartório do tribunal para assinarem a renúncia.

No dia 21 de maio, à abertura das audiências, em vão os magistrados mandam procurar um advogado no Palácio. Impossível encontrar um único que seja.

Durante quatro dias consecutivos, a mesma cena se repete; os juízes têm de suspender as audiências e adiar o exame dos processos. A emoção é muito intensa. Libelos são espalhados em Paris para justificar aos olhos do público a atitude dos advogados.

Finalmente o rei Henrique IV, por sua intervenção pessoal, pôs fim a essa greve singular e encontrou a fórmula de conciliação que poupava as susceptibilidades de todos.

Em princípio ele mantinha o decreto do parlamento, mas pedia aos advogados que retomassem seus postos e dava-lhes a entender que um novo regulamento, mais respeitoso da dignidade da Ordem, ia ser adotado sem demora.

Em suma, na prática o corpo de advogados teve ganho de causa; e nunca o viram sujeitar-se à ordenação de Blois.

* *

Incidentes de audiência – Geralmente é por um meio-termo, em que cada um mantém sua posição, que se aplainam os pequenos conflitos que a vida profissional às vezes faz surgir entre advogados e magistrados, e em que o amor-próprio, em jogo de ambos os lados, ocupa mais espaço do que o próprio incidente causador.

Quase sempre se trata de uma interrupção desastrada de um juiz-presidente impaciente e muito apressado, que suscita uma troca de palavras, às vezes bastante acaloradas, entre o advogado e os magistrados.

Esses incidentes, felizmente raros, nunca deixaram de acontecer.

Já Loisel queixava-se dos magistrados "que nos interrompem e nos descompõem a cada passo". E disparava-lhes este epigrama à sua moda:

> Qui tost juge et qui n'entend
> Faire ne peut bon jugement [2].

No século XVIII, Camus, em suas cartas sobre a profissão de advogado, também lamenta "essas interrupções que, em alguns parlamentos, são feitas de vez em quando aos advogados no decorrer de seu arrazoado, para advertir-lhes que encerrem logo: interrupções muito importunas e muito incômodas, que cansam demais o advogado e não honram o juiz-presidente".

Ele nos cita algumas réplicas felizes de advogados assim interrompidos sem cerimônia:

"Doutor, queira concluir, disse um dia o juiz-presidente de Novion ao advogado Dumont, que não havia encerrado sua sustentação oral.

– Estou pronto para concluir, replicou este com audácia, se a Corte considerar que eu disse o suficiente para

---

2. Quem julga logo, sem ouvir/ Não pode fazer bom julgamento. (N. do T.)

ganhar minha causa e as custas; caso contrário, ainda tenho a destacar razões tão essenciais que me é impossível suprimi-las sem trair meu ministério e a confiança com que me honra minha parte."

O juiz não insistiu e o advogado pôde terminar tranqüilamente sua argumentação perante a Corte, que voltara a ficar atenta.

Há casos em que, sem interromper diretamente o advogado, o magistrado, pela atitude, não deixa de manifestar claramente sua impaciência.

Foi o que aconteceu ao advogado Fourcroy, que um dia estava arrazoando quando viu o juiz-presidente confabulando com seus assessores. Então, erguendo bruscamente a voz, Fourcroy bradou de pronto:

"Que a Corte me conceda ao menos uma graça.

– Que desejais? interrogou o juiz-presidente, muito surpreso.

– Peço que apraza à Corte certificar por escrito que ela está julgando minha causa sem me ouvir, para que eu me justifique perante meu cliente!"

Desconcertado, o juiz-presidente voltou a prestar atenção e deixou-o falar até o fim: ele ganhou o processo.

Mas que fazer quando um juiz brada, como fez, segundo dizem, um certo magistrado contemporâneo:

"Já chega, doutor! O tribunal já não está entendendo nada! Ele vai dar a sentença.

Como boa resposta, há ainda a que deu o advogado Delaverdy ao primeiro presidente da Grande Câmara, que o censurava por ter, com sua atitude, faltado ao respeito para com um tribunal que se dignara receber seu filho entre os conselheiros:

– Senhor primeiro presidente, rebateu asperamente Delaverdy com grande insolência, se meu filho fosse homem para se manter de pé, eu não o teria feito sentar."

No mesmo gênero, destacamos também esta outra réplica: "A autoridade está de um lado, a razão pode estar do outro."

Cléry, espirituoso e mordaz, a um juiz impaciente que lhe fez esta oferta sedutora: "Nada de sustentação oral, doutor, nada de prisão?", retrucou com estas simples palavras: "Eu não culpado, tu bom juiz, tu absolver!"

E finalmente, para servir de conclusão a todos esses incidentes, citemos estas palavras de um advogado a quem um juiz-presidente lembrou com excessiva brutalidade o respeito à magistratura, e que se limitou a responder-lhe com dignidade: "Sem dúvida, a magistratura tem direito ao nosso respeito! Mas a advocacia tem direito à polidez!"

Era a palavra exata para a situação; e é também a regra que convém nunca deixar de lado.

13. O magistrado

"A mais bela função da humanidade é a de ministrar justiça", disse Voltaire.

Dupin, em um de seus discursos de reabertura dos trabalhos após o recesso, fez do magistrado este eloqüente elogio, que pode servir de réplica ao elogio do advogado pelo chanceler de Aguesseau:

"Assegurar o império das leis e a paz entre os cidadãos; permanecer impassível em meio ao choque das paixões e à agitação dos partidos; ordenar, defender, punir em nome do Estado; que missão, senhores! Quanto ela é admirável pela grandeza que apresenta! Quanto é assustadora pelas virtudes que exige e pela responsabilidade que impõe!"

O homem a quem é confiada essa missão tão nobre e tão temível – o magistrado – já não tem na sociedade moderna, é preciso dizê-lo, o lugar que deveria ter.

Quando evocamos pelo pensamento o que foram aqueles grandes magistrados do Antigo Regime, cujos nomes gloriosos e respeitados a História nos preservou, não conseguimos evitar um sentimento de pesar ao considerarmos a sorte, realmente indigna de sua função, que nossa democracia reserva aos descendentes deles.

Imaginai por um instante o que podia ser a existência magnífica daquelas poderosas famílias de magistrados: os Lamoignon, os d'Ormesson, que de pai para filho se transmitiam o cargo e tornavam ilustre a profissão.

"Eles não tinham outro interesse além da honra e da justiça", segundo as palavras de Saint-Simon.

Porém por acréscimo tinham tudo: nobreza, fortuna, influência, honras, consideração, independência; independência que, se preciso fosse, não temiam reafirmar, mesmo com relação ao Rei-Sol e seus ministros, quando este, por intermédio de Colbert, manifestou a inadmissível pretensão de interferir no processo de Fouquet para ditar aos magistrados o sentido que deveria tomar sua decisão.

Que bela unidade de vida e que admirável aplicação ao dever cotidiano nessas longas carreiras judiciárias, inteiramente feitas de honra, de consciência e de devotamento à justiça!

Eles cuidavam de transmitir ao filho, ao mesmo tempo que a carga hereditária, um nome cercado da consideração de todos e o exemplo de suas grandes virtudes. Tinham, por fim, o sólido arcabouço moral de sua consciência de crentes!

Assim, que belas figuras de magistrados eles nos deixaram...

Recordai os elogios que lhes faziam seus contemporâneos.

A epístola de Boileau a Lamoignon "sobre o prazer dos campos!"

O elogio fúnebre ao juiz-presidente de Bellièvre, pelo ilustre Patru: "Como ele estava distante dessa impaciência brutal que escorcha os processos e as partes e quase sempre arrasta em sua esteira o erro ou a injustiça... Todos os que saborearam os frutos preciosos de sua justiça lhe prestam, com suas saudades, o mais doce e mais sensível de todos os louvores... Se o céu lhe permitisse viver uma segunda vez, ele viveria como viveu..."

Feliz aquele a quem as testemunhas diárias de sua existência podem, sem ofender a verdade, conceder tal elogio!

E como aqueles grandes magistrados compreendiam sua missão! Quanta intenção de justiça aplicavam ao cumpri-la bem!

Lembrai-vos desta página definitiva de Aguesseau, que alerta o magistrado contra o perigo das fórmulas pré-fabricadas e das decisões anteriores de jurisprudência aplicadas fora de propósito:

"A ciência tem seus preconceitos, e às vezes mais que a própria ignorância. Ocupando-se menos com aquilo que é do que com o que foi, o magistrado erudito acostuma-se a decidir mais de memória do que por julgamento e mais atento ao direito que ele acredita saber do que ao fato que deveria ficar conhecendo; trabalha menos para encontrar a decisão natural do que para justificar uma aplicação alheia!"

Quanta firmeza e exatidão no pensamento, quanta experiência profissional e amor pela profissão denotam essas simples reflexões!

Na verdade, quando relemos as páginas que nos deixaram esses grandes magistrados; quando pensamos no que era sua existência, toda de trabalho e de dignidade, partilhada entre as honras da vida profissional e uma vida familiar dedicada ao estudo, sem mesquinhas e irritantes preocupações materiais; quando enfim evocamos seu imenso crédito e imaginamos o que eles eram na sociedade da época, o lugar e a posição que ocupavam, então penetramos melhor o significado pleno e profundo desta fórmula hoje vazia de sentido: "Nobreza togada!"

Nossa magistratura contemporânea não desmereceu e pratica o mesmo culto da honra e da justiça que a caracterizava outrora.

Ainda há juízes na França, e que são os dignos descendentes dos magistrados de nossos parlamentos. Mas, ai! Com que freqüência seu destino é ingrato e pouco digno de seus méritos!

A profissão de magistrado tornou-se materialmente tão precária que corre o risco de cair num desfavor cada dia mais acentuado.

Já o concurso que lhe dá acesso amiúde atrai menos candidatos do que as vagas que oferece.

É que, para um jovem consciente de seu valor e livre para escolher, a carreira de magistrado oferece cada vez menos atrativos.

Iniciar carreira aos vinte e seis anos, após longos e custosos estudos, como juiz suplente ou mesmo como juiz ou substituto, em um tribunal de terceira classe, com uma remuneração menor que a de um varredor municipal, para assim vegetar durante anos numa cidadezinha melancólica e perdida no interior, tendo como única esperança uma promoção avaramente medida, que o enviará para um outro canto da França, onde prosseguirá a mesma existência medíocre e sem interesse – realmente isso nada tem que possa tentar os que se sentem com inteligência, conhecimentos, energia e ambição suficientes para conseguir um destino melhor.

O que é válido para as esferas inferiores da magistratura mal deixa de valer para os postos mais elevados, aqueles a que só se chega após uma longa carreira e quando se foi favorecido não apenas por méritos como também por uma sorte excepcionais.

Mesmo os primeiros magistrados da França, os do Tribunal e da Corte de Apelação de Paris, ou mesmo os do Tribunal de Cassação, ainda não têm mais que salários irrisórios, se comparados com os dos antigos magistrados do parlamento ou dos juízes ingleses e americanos de mesma importância.

Um magistrado que não tiver fortuna pessoal e que estiver reduzido a seu magro salário para viver, sustentar a família e manter sua posição social – entendo com isso apenas salvaguardar as aparências mais essenciais – encontra-se ainda hoje, apesar do último aumento dos salários, na situação mais crítica e na mais penosa dificuldade.

Ora, pensai que esses magistrados têm nas mãos a decisão sobre litígios a respeito de fortunas. A honra e a consideração das mais poderosas famílias às vezes dependem dos considerandos de seus julgamentos.

Com suas decisões, eles dispõem sobre riquezas imensas. E mal têm com que viver.

Assim se explica esta reflexão, brutal mas típica, que um eminente advogado de Bruxelas (o presidente da Ordem, dr. Théodor) há tempos nos contava que ouviu da boca de ricos litigantes americanos. Eles participavam de um processo envolvendo vários milhões, e, como se pode imaginar, estavam muito empenhados em ganhar a causa. Por isso constantemente inquiriam seu advogado sobre todos os meios que pudessem contribuir para tal resultado.

Um deles, como homem de negócios positivo e prático, se não delicado, acabou por perguntar: "Mas afinal, que salário recebem os magistrados que nos julgarão?"

E como o advogado, sem malícia, enunciasse a cifra bem modesta, esta pareceu tão loucamente irrisória àquelas "boas almas" americanas que todos em coro concluíram que devia ser bem fácil, mediante um pequeno sacrifício, assegurar-se da proveitosa complacência de pobres juízes tão mal remunerados!

Seu eminente defensor teve o maior trabalho do mundo para convencê-los de que não era assim, que nossas velhas consciências européias ainda tinham a fraqueza de não conceber a vida da mesma forma prática que seus jovens apetites do Novo Mundo, e que uma iniciativa como a que planejavam, além dos dissabores que podia atrair-lhes, seguramente não teria os felizes efeitos que esperavam.

Nossa magistratura conservou intactas as virtudes antigas. Sua divisa é: trabalho, honra e probidade.

Não são apenas os salários da magistratura que precisam ser revistos... e consideravelmente aumentados. Há também o atual sistema de promoção, que é falho e teria de ser modificado.

Nossa organização judiciária é obra de Napoleão.

Aquele cérebro militar não estava de forma alguma preparado para semelhante tarefa.

Subindo ao poder por um golpe de audácia, no caos pós-revolucionário, tendo de reedificar toda a França saqueada, ele tinha uma tendência um tanto excessiva para acreditar que a autoridade tudo supre.

Trata-se de uma deformação profissional que a vida militar facilmente ocasiona.

A magistratura ainda carrega a marca dessa tendência de espírito napoleônica, que parecia considerar aprioristicamente que "não importa quem, sendo bom para não importa o quê, podia não importa quando ser colocado não importa onde!".

A promoção dos magistrados ressente-se incomodamente dessa concepção simplista.

Ao longo de sua carreira e em decorrência da ascensão hierárquica, eles passam de uma função para outra com uma desconcertante falta de lógica cujos efeitos estão longe de ser sempre propícios.

De fato, nada é mais díspar do que os diferentes postos para os quais, no sistema atual, um mesmo magistrado pode ser sucessivamente designado.

Desde seu modesto início como juiz suplente até o coroamento da carreira, ele pode percorrer todos os graus da magistratura, judicial e do ministério público, cível e criminal.

Ora, a complexidade dessas funções tão variadas faz que ele possa estar perfeitamente apto para cumprir algumas sem por isso ser capaz de bem cumpri-las todas.

Todos nós conhecemos excelentes procuradores da República que pareciam menos no lugar certo como juízes presidentes de tribunais; notáveis juízes de instrução que, tornando-se conselheiros do Tribunal de Apelação, enfastiavam-se na inação; excelentes juízes que davam deploráveis procuradores.

Considerai ainda que no interior do país os movimentos judiciários merecem duplamente seu nome, pois a mudança de cargo é acompanhada de deslocamentos complicados e custosos para as famílias numerosas; deslocamentos ainda mais lamentáveis na medida em que arrancam o magistrado que recebe a promoção ao meio que ele começa a conhecer melhor e às funções em que era bem-sucedido.

Se refletirmos a respeito, no fundo nada é mais ilógico nem mais despropositado do que os vaivéns desses movimentos judiciários que lembram não sei qual singular e gigantesca brincadeira de quatro-cantinhos... E, de fato, não é para os quatro cantos da França que são dispersados os magistrados, ao sabor do acaso dos postos vagos?

No entanto parece que não seria impossível encontrar o remédio para esse estado de coisas.

Por que não existiria uma espécie de promoção no mesmo lugar, para recompensar o magistrado laborioso e merecedor dentro das próprias funções em que é bem-sucedido?

Assim estariam garantidas a persistência e a continuidade no esforço que, no âmbito judiciário como em todos os outros, são a condição para uma obra útil, sólida e duradoura.

A promoção *in loco* teria a vantagem de contribuir para o prestígio do magistrado, fazendo que, exatamente pela estabilidade, ele ganhasse a consideração de seus jurisdicionados.

Assim seria obtida, embora por um meio diferente, uma situação semelhante à que criavam, no Antigo Regime, a propriedade e a hereditariedade dos cargos judiciários.

Ademais, o magistrado, mais afeito à sua função e mais a par do trabalho, sem dúvida poderia fazer frente a uma quantidade maior de tarefas, o que permitiria reduzir o número de juízes e remunerar melhor os que permanecessem. Se preciso, para estimular-lhes o zelo e sanar a tradicional lentidão da justiça, poder-se-ia ameaçá-los de recolocar em vigor as disposições da capitular 775 de Carlos Magno, que decidia que, "quando o juiz tardar a pronunciar a sentença, o litigante irá estabelecer-se em casa do mesmo, onde viverá, para a mesa e para o leito, às suas expensas"... Com a atual crise da moradia e com o alto custo de vida, tal sanção seria particularmente temível!

E, por fim, para a escolha dos magistrados seria aconselhável retomar uma prática que existe na Inglaterra e existiu também na França, em tempos muito antigos e, mais recentemente, durante o Império e a Monarquia de Julho.

Hardoin de Péréfixe, em sua história de Henrique IV, escreve: "O número de funcionários da justiça era muito pequeno e a ordem que se observava para preencher os cargos do parlamento era perfeitamente adequada. Tinha-se o costume de manter um registro de todos os bons advogados e jurisconsultos; e, quando algum cargo vinha a vagar, escolhiam-se dentre eles três, cujos nomes eram levados ao rei, e este dava preferência ao que lhe aprazia."

Dessa forma, se assim posso dizer, infundia-se sangue novo à magistratura e recrutavam-se para ela homens de valor que já haviam dado prova disso e cujo talento só podia contribuir ainda mais para o seu prestígio.

Tal prática foi retomada com muito sucesso durante o Império e a Monarquia de Julho. Será preciso relembrar os nomes famosos de Dupin e de Chaix d'Est-Ange, que depois de abrilhantarem a advocacia contribuíram, nos postos mais eminentes, para o renome da magistratura?

Os ingleses continuam a recorrer a esse processo para escolher seus grandes juízes, e têm todos os motivos para estar satisfeitos.

Mas não é preciso enfatizar que para isso seria indispensável poder oferecer a esses grandes advogados, a esses jurisconsultos eminentes, cuja colaboração se deseja obter, outra coisa além da perspectiva de uma troca por demais desvantajosa.

Se eles sacrificam sua independência, é preciso que ganhem em prestígio; se consentem em abandonar sua situação, é preciso que a que lhes for proposta não os faça lamentar demasiado a primeira.

Ora, existem atualmente tais situações em nossa magistratura, demasiado numerosa e mal remunerada?

Basta fazer a pergunta.

Enquanto a resposta continuar negativa, estará dada a prova de que a situação da magistratura não é a que devia ser. Estará dada a prova de que em nossa democracia, onde a política e o dinheiro reinam demais como senhores absolutos, é indispensável operar uma nova classificação dos valores, e de que é preciso começar por devolver ao magistrado, dispensador de justiça, o prestígio e a situação que ele deve ter.

14. Alguns "retratos" de advogados

Mas a hora avança. As audiências vão terminar. É preciso deixar o Palácio da Justiça. Na galeria, alguns advogados precipitam-se para o vestiário. Desejo apresentá-los.

Cliton tem pele viçosa, rosto cheio, olhar aceso, ventre roliço, ar jovial e mão cordialmente estendida. É um bom gigante barbudo que manifesta uma exuberante alegria infantil quando vos encontra. Ele vos toma nos braços, vos aperta ao peito, vos leva para almoçar ou vos convida para jantar.

Fazer uma boa refeição é sua preocupação constante e o grande caso de sua vida.

Conhece todos os restaurantes, todos os *grill-rooms*, todas as casas de chá e todos os bares de Paris.

Conhece os garçons pelo nome, bate-lhes familiarmente na barriga, pede-lhes de maneira irresistível um certo vinho velho, do qual é o único a saber que ainda restam algumas divinas garrafas.

Estala a língua para degustá-los. Pede a refeição com decisão e autoridade. Sabe o que convém e o que não convém.

Quando declara que tal prato está intragável, sua sentença é inapelável. Conhece a carta de vinhos tão bem quanto o Dalloz!

É um personagem ilustre em seu gênero e que levou mais longe do que nunca a arte de comer bem.

Encontrareis Cliton por toda parte, e em toda parte ele parecerá estar em casa, de tanto que está a par de tudo.

Ele tem muito espírito e – o que é melhor ainda – muito coração.

* *

Clitandre representa no Palácio o tipo completo do homem do mundo. É fino, espirituoso e distinto. Tem maneiras requintadas.

Quando, acompanhado de sua fiel e encantadora secretária e do elegante amigo, o conde de Almaviva, advogado e conselheiro municipal, um dos bons combatentes da Grande Guerra, ele chega ao Palácio, todas as mãos estendem-se para cumprimentá-lo.

Homem feliz! Não tem inimigo.

Já foi presidente da Ordem dos Advogados e comandou, para satisfação geral, as inesquecíveis festas do centenário do restabelecimento da Ordem.

É senador... será ministro... A fortuna é mulher: ela não pode resistir-lhe.

As democracias são melindrosas e beligerantes. Costumam submeter os que as governam a críticas injustas e inflamadas... Na Ordem dos Advogados, o chefe é respeitado e obedecido.

Aquele que hoje segura (no sentido figurado) o bastão simbólico merece a deferência que lhe testemunhamos.

Ele tem um belo talento e um grande caráter. É leal e seguro. Possui qualidades inestimáveis: coragem e franqueza. Seu dom é incontestável. Sua bela voz, cheia e sonora, sabe dizer no momento certo as palavras necessárias.

É um chefe.

* *

Curvemo-nos em saudação profunda! Um grande advogado está diante de nós.

Poderíamos aplicar-lhe o nome que Lachaud atribuía, pouco modestamente, a si mesmo: "Ele não se chama X; chama-se Defesa."

Está batalhando há sessenta anos, infatigável. Vem dando às sucessivas gerações o exemplo das mais belas virtudes profissionais. É uma de nossas glórias mais puras.

Quando ele se ergue no tribunal, sua estatura robusta, que a idade não conseguiu curvar, domina a audiência. O metal inalterável de sua voz, que soube arrancar do júri tantos vereditos de piedade, ressoa... Nós a escutamos, a admiramos, a amamos.

* *

Avisto um dos advogados mais ocupados do Palácio. Como ele consegue dar conta de sua gigantesca tarefa? Facilmente. Advogar é sua única alegria. Pelo menos durante dez meses do ano. Chegando as férias, ele corre para suas terras. Guardou no coração o amor pelo solo natal. Às margens de seu rio sinuoso e claro, à sombra de suas belas árvores, pescando distraidamente uma truta esquiva, ele continua a pensar nas sessões de expropriação e nas audiências da Primeira Câmara, onde pronunciou belas e proveitosas defesas.

Vivaz, saltitante, petulante, exuberante, Vincent adianta-se com passo lesto, a cabeça lançada para trás, fazendo grandes gestos, vociferando, seguido de uma coorte de colaboradores solícitos e fiéis. Possui um maravilhoso instrumento oratório. Fala com uma facilidade prodigiosa. Há sol e cor em suas frases – sol e cor de sua ilha natal.

No momento exato em que o avistamos, ele aborda um compatriota com o qual forma, do ponto de vista físico, um vivo e estimulante contraste.

* *

César é calmo, senhor de si, ponderado.

Sua inteligência é superior, sua cultura notável. Possui uma mente endiabrada, mestre na ironia, sem rival no sarcasmo, que faz murchar o adversário e o abate arquejante aos pés do juiz. Conquistou ainda bem jovem sua grande notoriedade. O que não atrapalha em nada: é um amigo fiel e ardoroso.

* *

O último advogado deixou o vestiário... Até amanhã, o Palácio vai descansar e recolher-se sob os olhos imóveis de São Luís, de Malesherbes e de Berryer.

Respeitemos seu sono reparador.

A todos os que lerem este livrinho, desejo que nunca tenham um processo e que evitem o aborrecimento de vir à nossa grande casa na qualidade de litigantes...

Apêndices

1. *Voltaire, defensor de Calas*

Voltaire, defensor de Calas! O caso Calas! Que ecos esse nome, outrora de tão triste fama, desperta hoje no espírito da maioria de nós?

Apenas a vaga lembrança de um horrível erro judiciário, gerado pelo mais deplorável fanatismo, descoberto e remediado, na medida do possível, graças à poderosa intervenção de Voltaire, que nessa ocasião demonstrou meritória perseverança e admirável generosidade!

Aí está – não é verdade? – o resumo fiel da idéia que hoje se tem, em geral, do caso Calas, quando – o que sói acontecer – ele não é totalmente ignorado!

Custa-nos conceber que esse drama tenha repercutido tanto há um século e meio a ponto de perturbar com tal profundidade não só a França, mas toda a Europa, visto que Voltaire recebeu subsídios e apoio da Suíça, da Prússia, da Rússia, da Holanda e da Inglaterra.

Tampouco entendemos como esse processo tão esquecido pôde despertar então tantos ódios, acender paixões tão ardentes, que a ordem pública tenha se sentido ameaçada, ao passo que hoje não seria encontrada a mais fugaz centelha sob as cinzas espessas do tempo e do esquecimento.

Isso porque conhecemos, em geral, apenas a lenda segundo a qual o mistério desse drama foi *definitivamente elucidado* por Voltaire, o erro judiciário por ele demonstrado foi absolutamente indubitável e flagrante.

Todos acham que "já não há caso Calas" porque só se lembram do decreto de reabilitação expedido solenemente pelo Parlamento de Paris, como conseqüência da campanha dirigida por Voltaire junto à opinião pública.

Todos acham que esse decreto de reabilitação é *decisivo*.

E ignoram que o Parlamento de Toulouse, que condenara Calas, sempre considerou esse mandado *nulo e inexistente*, que proibiu a sua afixação em sua jurisdição, que continuou considerando Calas culpado, que se recusou formalmente a proceder à suspensão da sentença que o condenava e a inserir em seus registros o decreto de reabilitação.

Na verdade, ele tinha o direito legal de recusar-se, pois não estava na dependência hierárquica do Parlamento de Paris. Era um *tribunal soberano* para os feitos de sua província.

Foi por um procedimento totalmente anormal, por uma espécie de lei de desaforamento, digamos, por uma medida política e para pôr fim a um caso que estava perturbando profundamente a ordem pública, que o Parlamento de Paris fora incumbido do processo Calas pelo Conselho do rei.

O que é mais importante, por um procedimento absolutamente sem precedentes, *todo o caso foi evocado* diante do Parlamento de Paris *como se nunca tivesse sido julgado*, levando-se à sua presença não só os condenados, o que teria sido normal, mas também os acusados que tinham sido isentados de culpa e absolvidos pelo Parlamento de Toulouse três anos antes.

Pretendia-se assim pôr fim a quaisquer discussões e liquidar de uma vez por todas aquela causa de aborrecimentos que já tinha durado demais.

Mas o Parlamento de Toulouse podia, de pleno direito, recusar-se a considerar de justiça regular um mandado expedido em condições tão anormais.

Para ele, aquilo não passava de paródia de justiça, de serviço puramente político, destinado a devolver a paz ao país, mas diante do qual lhe cabia a dignidade de recusar-se a inclinar-se.

E o fato é que, recusando-se ele, *ninguém ousava* obrigá-lo a inclinar-se.

A família Calas precisou contentar-se com uma pensão de 30.000 libras que o rei lhe ofereceu como indenização, de seu cofre pessoal.

No entanto, ao lermos Voltaire e as contestações que, sob o título *Defesa dos oprimidos*, ele dedicou ao caso Calas, o que mais espanta, o que mais nos causa assombro, *não é o fato de Voltaire ter conseguido reabilitar Calas, mas principalmente o fato de Calas ter encontrado juízes que o condenassem!*

O que indigna é que tais erros possam ter acontecido, erros que só podem ser explicados pela cegueira condenável de um fanatismo odioso, e imaginamos que ninguém mais pode duvidar de inocência tão evidente.

Apesar disso, um espírito de grande consciência, Joseph de Maistre, não temeu escrever, em *Les soirées de Saint-Pétersbourg*:

"Nada está menos provado que a inocência de Calas: há mil razões para duvidar dela e até para acreditar no contrário."

Ainda mais recentemente, foi defendida a mesma opinião numa obra muito bem documentada, pelo abade Salvan, sobrinho-neto de um dos juízes de Calas, refutando a famosa defesa do célebre pastor Athanase Coquerel.

Por fim, ultimamente, Huc, um professor de direito da Faculdade de Toulouse, que se tornou conselheiro da Corte de Apelação de Paris, concluiu, num estudo sobre o caso Calas, que "nada permitia dizer que o Parlamento de Toulouse não tivesse feito um bom julgamento".

Que razões pode ter ele para pensar assim?

Ou será que os fatos foram apresentados, ou omitidos, com extraordinária habilidade por Voltaire, para que ele chegasse a conferir à inocência de Calas uma aparência tão forte de verdade a ponto de finalmente conseguir fazer que todos a considerassem pura verdade?

Veremos dentro em pouco como foi conduzida essa defesa de Calas por Voltaire, que agiu como maravilhoso advogado. Mas, para entender melhor seu mecanismo, vejamos antes qual era a acusação;

Quem eram os réus;

Como se apresentaram os fatos que motivaram a acusação;

Quais foram as explicações sucessivas e contraditórias dos Calas durante a instrução;

Como foram proferidas as sentenças (pois houve várias) condenatórias.

Depois de examinarmos esses diversos aspectos, veremos como e por que Voltaire foi levado a intervir nesse caso, os móbeis reais e secretos dessa intervenção, segundo suas *próprias cartas*, os métodos que utilizou para obter a reabilitação de Calas.

Os acusados

Jean Calas e sua mulher, nascida Anne-Rose Cabibel, moravam em Toulouse havia cerca de trinta anos, na rue des Filatiers n.º 16.

O marido era comerciante de tecidos indianos e de algodão.

Seu comércio era dos mais prósperos, e ele era considerado muito rico.

Os Calas tinham seis filhos: quatro homens e duas mulheres, e a família ocupava a casa inteira.

No primeiro andar, ficavam os quartos, a sala de jantar e a cozinha.

No andar térreo, um corredor levava à rua, e para ele dava diretamente um armazém que servia de depósito para as mercadorias; este, por sua vez, comunicava-se através de uma porta de *duas folhas* (note-se bem esse detalhe) com a loja que dava para a rua.

O velho Calas, na época da tragédia, contava apenas sessenta e três anos, pois nascera no fim de 1698.

Segundo descrição das testemunhas, era *alto, magro e muito forte.* Portanto, é com inexatidão e para atender às necessidades da causa que Voltaire o apresenta em suas cartas e memorandos justificativos como um *velho débil de sessenta e oito anos.* Aliás, será fácil notar que, quando a verdade o incomoda, Voltaire costuma dar-se a grandes liberdades com ela.

Os filhos tinham, respectivamente, as seguintes idades: Marc-Antoine (a vítima), vinte e nove anos; Pierre Calas, vinte e oito; Louis Calas, vinte e cinco; Donat Calas (signatário das "Contestações"), vinte e dois. As duas moças tinham dezenove e dezoito anos.

Mas cabe notar que, dos seis filhos, *apenas dois* estavam presentes no dia da tragédia: Marc-Antoine e o irmão mais novo, Pierre Calas!

O terceiro, Louis Calas, havia cinco anos abandonara a família, com a qual rompera completamente, direi por quê.

O quarto, Donat Calas, estava em Nîmes, a estudos.

Quanto às duas moças, tinham sido levadas durante o dia à casa de amigos, nas circunvizinhanças de Toulouse.

Em compensação, naquela noite um amigo jantava em casa dos Calas: o jovem Lavaïsse, filho de advogado, que estava de passagem por Toulouse.

Ainda não disse que toda a família Calas *era protestante*. E cumpre notar que nisso havia algum mérito, naquela época, após a Revogação do Edito de Nantes, pois as declarações do rei não eram exatamente afetuosas em relação à religião reformada.

Os protestantes que não houvessem abjurado eram atingidos por todas as espécies de penalidades e proibições, e de uma declaração do rei, de 1686, constava que "seriam punidos com a morte os que fossem surpreendidos a realizar cultos outros que não os da religião católica".

Não se brincava com a liberdade de consciência!

Portanto, para continuar protestante, era necessária uma convicção muito forte e enraizada.

Por aí é fácil entender como a família Calas ficara perturbada, alguns anos antes, quando o terceiro filho, Louis, seduzido pelo exemplo e pelas exortações da velha criada Jeannette Vigier, chamada de Vigière (como Tulia, filha de Tulius), que era católica, abjurara da religião dos pais para converter-se ao catolicismo!

Não deixará de parecer estranho que aqueles protestantes tão intransigentes tenham conservado a seu serviço uma criada católica que fazia proselitismo no seio da família!

Voltaire apressou-se a extrair daí um argumento que apresentou como decisivo: *não havia prova mais evidente de que os Calas tinham bom coração.*

Esse argumento podia atingir a multidão e impressionar os ignorantes, que por certo eram maioria!

Mas, como se verá, essa prova não era tão forte quanto se comprazia em dizer Voltaire, pois os Calas não poderiam ter agido de outro modo.

Uma declaração do rei, de 11 de janeiro de 1686, dispunha de fato que: "Os adeptos da religião reformada *não poderão* ter criados *que não sejam* católicos."

Já se configurava a crise dos empregados domésticos!

Portanto, se os Calas quisessem ter uma criada, eram absolutamente obrigados a ter uma católica.

Além disso, Voltaire afirmou que o velho Calas era o mais tolerante dos homens, e que não vira com maus olhos a conversão do filho Louis, tendo como princípio que "coagir consciências só serve para criar hipócritas". A melhor prova disso, dizia Voltaire, é que ele lhe pagava uma pensão de quatrocentas libras.

Pois bem! Também quanto a esse fato a realidade era *bem outra*, em que pese a Voltaire.

A verdade é que o velho Calas, ao saber da conversão do filho Louis, expulsara-o de casa, depois de ser tomado por terrível cólera e de lhe ter dirigido as mais sangrentas exprobrações.

E, durante mais de quatro anos, não só não lhe enviara pensão alguma como tampouco lhe dera um tostão sequer para viver, embora naquela época o rapaz ainda não tivesse vinte anos.

O que mais teria feito, se não fosse o mais tolerante dos homens?

Tanto isso é verdade que o rapaz, morrendo de fome, precisou enviar uma petição a Saint-Priest, intendente do Languedoc, para que seu pai fosse obrigado a pagar-lhe uma pensão alimentar, "que ele lhe recusava, dizia nessa petição, *por ódio à sua conversão*".

Amblard, delegado de Saint-Priest em Toulouse e incumbido desse caso, escreveu a este último, depois de ter-se encontrado com o velho Calas e tentado em vão incutir-lhe inclinações mais favoráveis ao filho:

"O senhor Calas é um homem muito rico, e *não posso negar* que o achei *duríssimo* em relação ao filho. Trata-se de um rapaz sensato e devoto que, tendo saído da casa paterna há cinco anos, não recebeu do pai nada além de cinqüenta francos para manter-se. Esforcei-me, *porém inutilmente, por conciliar as partes*."

As tentativas de reconciliação de Amblard continuam infrutíferas durante vários meses.

Foi só em 9 de setembro de 1761 que o velho Calas, absolutamente constrangido e forçado por uma nova medida extremamente coativa e até ameaçadora de Saint-Priest, regateando ainda, resolveu pagar *a primeira mensalidade* dessa pensão.

Um mês depois, Marc-Antoine Calas, o filho mais velho, que manifestava a intenção de converter-se ao catolicismo, foi estrangulado.

Os fatos

Vejamos de que modo esse trágico acontecimento ficou sendo conhecido.

No dia 13 de outubro de 1761, por volta das nove e meia da noite, os moradores da rue des Filatiers, em Toulouse, ouviram, partindo da casa habitada pelos Calas, lamúrias e gritos, pedidos de socorro, exclamações e, depois, vaivéns repetidos e inusitados que levavam a supor que acabara de ocorrer algum acontecimento grave e anormal.

Alguns minutos depois, a velha criada abriu a porta da rua gritando:

– Ah! Meu Deus, mataram-no!

Imediatamente os vizinhos acorrem, forma-se uma aglomeração diante da porta, todos querem saber o que aconteceu.

E ficam sabendo diretamente dos Calas que o filho mais velho, Marc-Antoine, foi encontrado morto alguns minutos antes, no armazém que fica no térreo, atrás da loja.

Os Calas, nesse momento, procuram fazer crer na versão de que o ato teria sido cometido por malfeitores vindos de fora.

O cadáver de Marc-Antoine, dizem eles, foi encontrado pelo irmão Pierre, que descera com um archote para acompanhar até a porta o jovem Lavaïsse, que jantara com eles.

Passando diante da porta aberta do armazém, os dois jovens avistaram Marc-Antoine, deitado no chão, de costas, na escuridão completa, sem nada na cabeça, de camisa, usando apenas culotes, meias e sapatos. O casaco e o colete tinham sido retirados, cuidadosamente dobrados e postos na beirada da mesa.

Em torno do pescoço, tinha uma gravata preta que habitualmente não usava.

Imediatamente chamaram o velho Calas; este desceu seguido da mulher e da criada, e tentaram em vão, com águas aromáticas, reanimar Marc-Antoine, que acreditavam estar apenas desmaiado e ferido por espada.

Pierre Calas e Lavaïsse saem correndo à procura de um cirurgião. Encontram um jovem ajudante de cirurgião, Gorsse, e o levam até a casa.

Ao mesmo tempo, Pierre Calas vai perguntar no café des Quatre-Billards, onde o irmão costumava passar a noite, "se Marc-Antoine não brigou com alguém, pois ninguém consegue entender o misterioso assassinato de que ele acaba de ser vítima".

Depois, aliás, ele negará ter tomado essa atitude, mas o dono do café é categórico nesse ponto.

Gorsse, o ajudante de cirurgião, encontra diante da porta dos Calas uma aglomeração em que discutiam animadamente as possibilidades do assassinato.

Afasta os vizinhos e entra no armazém, onde encontra Marc-Antoine nos trajes já descritos; retira a gravata preta e descobre então, em torno do pescoço, sob a gravata, dois sulcos ensangüentados, em forma de semicírculo, que terminam atrás das orelhas, marca indiscutível de uma corda dupla que serviu para estrangular Marc-Antoine.

– Quem pode ter feito isso? – grita imediatamente o velho Calas.

Nenhum vizinho viu ninguém entrar na casa nem dela sair; nenhum vestígio de arrombamento; nenhum roubo foi cometido. Na multidão, começa-se a murmurar que os assassinos poderiam não ter vindo de fora.

Um vizinho toma a iniciativa de ir procurar o *capitoul* de plantão, David de Beaudriguez.

Cumpre notar que, também nesse ponto, as contestações de Voltaire fazem crer num erro, ao dizerem que foram os Calas que o mandaram buscar.

O *capitoul* era então uma espécie de funcionário público encarregado ao mesmo tempo das atividades policiais e de judicatura em primeira instância, que agia ao mesmo tempo como comissário de polícia e juiz de instrução, e que, além disso, podia constituir com seus colegas uma jurisdição subalterna.

Faz as primeiras constatações, interroga uns e outros. As respostas e a atitude da família Calas parecem-lhe suspeitas. Tem a impressão de que estão recitando uma lição e de que lhe escondem alguma coisa; para esclarecer o mistério, depois de designar três médicos peritos para examinar o cadáver, manda conduzir para o paço da cidade todos os Calas e o jovem Lavaïsse.

Lá, procede imediatamente aos primeiros interrogatórios, assistido por seu escrivão, que consigna as respostas por escrito.

Isso ocorre logo depois da tragédia, à uma hora da madrugada do dia 14 de outubro.

A versão adotada naquele momento pelos Calas é idêntica e concebida em iguais termos, como lição bem aprendida.

Sentaram-se à mesa às sete horas com o jovem Lavaïsse, convidado por acaso naquela noite.

Logo após o jantar, Marc-Antoine levantara-se para sair e ir ao café, como fazia todas as noites.

O resto da família continuara conversando tranqüilamente até as nove e meia, mais ou menos. Nessa hora, Pierre Calas descera com o jovem Lavaïsse, que se despedia, para acompanhá-lo até a porta com um archote.

Foi então que, passando diante do armazém aberto para o corredor, avistaram o cadáver de Marc-Antoine, deitado de costas, nos trajes sumários que foram descritos.

Em seus depoimentos, os vizinhos afirmam que ouviram vozerio, gritos. "Ah! Meu Deus! Ah! Meu pai!", lamentos como de moribundo, vaivéns precipitados, e que a velha criada apareceu no limiar da porta gritando: "Ah! Meu Deus, mataram-no", frase que ela negará depois ter proferido, mas que vários vizinhos afirmam ter ouvido com nitidez.

É de lembrar ainda que Marc-Antoine, desejando ser aceito como advogado – o que só seria possível se ele abjurasse da religião reformada –, resolvera imitar o irmão Louis; que freqüentava igrejas, que era assíduo nos ofícios dos Penitentes Brancos e que em data próxima deveria converter-se ao catolicismo.

Não teria sido então durante uma cena violenta, provocada pelo despeito e pela cólera do velho Calas, por não poder impedir essa nova conversão que lhe ensejaria o vexatório ônus de outra pensão, que o pai teria estrangulado o filho?

A hipótese é admitida pelo *capitoul* David de Beaudriguez, que assume a posição de inculpar a todos.

Na noite de 14 de outubro, os três médicos peritos entregam seus relatórios: concluem que a morte foi resultante de enforcamento, que pode ter sido perpetrado pelo próprio Marc-Antoine ou por outros.

Note-se que eles não se comprometiam!

Em 15 de outubro acontece o segundo interrogatório, e aí ocorre uma mudança cabal nas declarações dos acusados.

No mesmo uníssono com que, na véspera, haviam sustentado o assassinato, renunciando a essa versão por demais inverossímil, agora declaram:

"Mentimos para proteger a honra da família e evitar que o cadáver de Marc-Antoine recebesse o tratamento infamante reservado aos suicidas (que eram arrastados sobre um trançado de vime). Mas a verdade é que aquele infeliz, triste e melancólico, não conseguia nada na vida, vivia pensando em morrer e enforcou-se: *nós o encontramos dependurado.*"

A única infelicidade era que, desmentindo suas próprias palavras, os Calas, conforme pôde verificar o *capitoul*, só faziam acatar as sugestões de seus advogados.

De fato, na noite anterior, os acusados haviam mantido durante o jantar uma longa entrevista com os advogados.

O que foi dito então pode ser deduzido das três cartas que receberam no dia seguinte, e que faziam alusão a essa entrevista.

Esta é a carta endereçada ao jovem Lavaïsse:

"Não se esqueça de dizer em que estado encontrou o cadáver, e que, se não o declarou no primeiro depoimento, foi por medo de que a família fosse desonrada, já que o corpo dos suicidas é arrastado sobre uma esteira de vime. Lembre se não ouviu gritos de: 'Ah! Meu pai! Ah! Meu pai! Ah! Meu Deus', pois alguns vizinhos ouviram esses gritos, e, *para evitar qualquer equívoco, convém indicar quem gritava.* É supérfluo eu assinar esta carta, pois o senhor se lembrará de que lhe falei ontem à noite durante o jantar."

Essas três cartas, concebidas mais ou menos nos mesmos termos (e cabe confessar que os advogados daqueles tempos demonstravam incrível imprudência profissional!), destinavam-se aos dois Calas, pai e filho, e a Lavaïsse. David de Beaudriguez interveio a tempo de apoderar-se das duas últimas.

A de Calas pai chegou, portanto, ao destino. E aí está a nova versão *idêntica*, sustentada pelos acusados, em contradição com a que, igualmente *idêntica,* fora sustentada na véspera.

Tinham encontrado Marc-Antoine pendente de uma corda cuja extremidade estava fixada no centro de um pau de buxo (espécie de bastão destinado a fixar os fardos de tecidos sobre os ombros), que fora deixado de través entre as duas folhas da porta que comunicava o armazém com a loja.

Mas David de Beaudriguez, que me parece ter sido uma antecipação de Sherlock Holmes, procura esclarecer alguns pontos interessantes.

Primeiro:

– Marc-Antoine tinha à mão alguma cadeira ou escabelo?

– Não – respondem os acusados –, seus pés quase tocavam o chão.

Depois:

– Havia alguma luz consumida no aposento?

– Não – dizem eles –, nenhuma!

Desloca-se então com eles até o local e mede, com precisão minuciosa, a largura da porta, o comprimento da madeira, o comprimento da corda, o perímetro do pescoço de Marc-Antoine, a altura da porta e a altura de Marc-Antoine, subtraindo a cabeça, já que a corda partia do pescoço.

Conclui assim, com as medidas em mãos, que a porta tem um metro de largura, e que a madeira tem apenas noventa centímetros; que seria preciso, portanto, que as folhas só estivessem *entreabertas* para que as extremidades do pau pudessem repousar sobre elas.

Além disso, prova que, com a altura que tinha e o comprimento de corda de que dispunha, Marc-Antoine não poderia atingir o pau no alto da porta sem a ajuda de um escabelo.

Concluiu, pois, pela impossibilidade material do suicídio, tal qual foi alegado, e é da seguinte maneira que, em alguns termos nítidos e precisos, interroga o velho Calas:

"Nós lhe demonstramos que a porta tem *nove palmos* de altura, que Marc-Antoine tem *sete palmos e cinco polegadas*, que o restante da corda que ele diz ter amarrado à madeira tem cerca de *um palmo*, donde se conclui evidentemente que, subtraindo-se a altura da cabeça, que mede mais de um palmo, Marc-Antoine, com sua própria altura e a corda amarrada à madeira, só tinha cerca de *sete palmos*. E, como Calas concordou que o filho não tinha perto dele nem cadeira nem escabelo, *teria sido preciso, portanto*, para que o dito filho pusesse a madeira sobre as folhas da porta, que ele se erguesse por si mesmo à altura de cerca de dois palmos, segurando a madeira *atrás da cabeça com as duas mãos, o que é, absoluta e fisicamente, impossível:* donde resulta que seu filho não pode ter-se enforcado.

"Demonstramos também que:

"1.º O pau de buxo era redondo e escorregadio: se colocado entre as folhas da porta, por menos que fosse mexido perpendicularmente ou de lado, com a corda, deslizaria e cairia, e maior seria a razão para que caísse com as sacudidelas e agitações violentas de seu filho, caso este tivesse desejado enforcar-se.

"2.º Se ele se tivesse enforcado, em virtude da agitação teria deixado impressões perceptíveis sobre as folhas da porta, que se teriam aberto de todo."

Acrescenta, enfim, que numa das folhas da porta há treze pedaços de barbante, e que nenhum foi deslocado;

que, além disso, existe em toda a espessura da porta "uma poeira flocosa que só se acumula com o tempo sobre móveis que nunca são limpos". E essa poeira estava intacta.

Diante dessas perguntas precisas, dessas constatações esmagadoras, o velho Calas não encontra respostas.

O *capitoul* observa, ademais, que é muito difícil admitir que em plena noite, na escuridão completa, um homem que vai suicidar-se tenha tomado o cuidado de desvestir peças de roupa, dobrá-las, arrumá-las sobre a mesa, pôr uma gravata que não costumava usar e que só pode atrapalhar, e proceder, enfim, à arrumação da corda e do pedaço de pau sobre as folhas da porta, tudo na escuridão, com a porta aberta para o corredor, por onde qualquer um pode passar a qualquer instante, com o risco de o surpreender em seus fúnebres preparativos.

Acrescente-se a isso que ele convenceu o velho Calas de que mentira ao dizer que, para soltar o filho, havia cortado a corda, que foi encontrada intacta. Que, além do mais, essa corda não era suficientemente longa para ter sido dobrada em torno do pescoço, ao passo que as marcas do estrangulamento indicavam uma corda dupla.

Comparem-se todas essas mentiras, essas impossibilidades, essas contradições das primeiras afirmações dos Calas, de que teriam encontrado o cadáver deitado no chão, tentando, por todas as atitudes e declarações, por toda a encenação que montaram, levar a crer na versão de assassinato cometido por malfeitores vindos de fora.

Acrescentem-se a isso os gritos, os pedidos de socorro, os lamentos, os vaivéns suspeitos, todo aquele conjunto de ruídos inexplicáveis e inexplicados que os vizinhos ouviram.

Lembre-se ainda a dura intransigência do velho Calas, que durante cinco anos deixara na penúria completa o primeiro filho convertido, cedendo apenas às ameaças diretas de Saint-Priest em favor da pensão alimentar.

E, além de tudo isso, imagine-se o clamor popular literalmente desencadeado contra os Calas (é o próprio Voltaire que constata isso, dizendo que "não é voz, porém brado de brutos").

Finalmente, último pormenor que naquela época religiosa devia impressionar particularmente a imaginação dos espectadores: os Penitentes Brancos de Toulouse demonstraram uma diligência realmente prematura ao fazerem os funerais solenes de Marc-Antoine. Um imenso catafalco branco, sobre ele um cadáver com a palma do martírio e as palavras "Abjuração da heresia", foi levado em procissão pela cidade, acompanhado por uma multidão fanática que exigia justiça.

Deve-se admitir que o clima era tumultuado demais para a serenidade da Justiça (mas as campanhas feitas pela imprensa hoje em dia oferecerão mais garantias de imparcialidade?), e que havia um conjunto impressionante de fatos, um corpo sólido de presunções e provas semiplenas.

Por isso, não é de espantar que, no dia 18 de novembro de 1761, o tribunal dos *capitouls* tenha condenado os três Calas (marido, mulher e filho) a submeter-se a interrogatório ordinário e extraordinário, com a convocação do jovem Lavaïsse e da criada.

Tanto os Calas quanto o ministério público apelaram dessa decisão.

Durante essa instrução, foram publicadas contestações em favor dos Calas por Sudre, seu advogado.

"Essas contestações – diz o pastor Coquerel – são bem mais fortes que as de Voltaire, que a Europa tanto admirou mais tarde."

Mas Sudre não tinha nem o crédito nem a influência de Voltaire.

APÊNDICE 1

Terminada a instrução, o parlamento nomeou Cassan-Clairac como conselheiro relator.

Era um magistrado extremamente conscencioso, cujo espírito esclarecido e cuja preocupação com a imparcialidade o próprio Voltaire e os enciclopedistas tiveram de reconhecer.

Um pormenor pode dar uma idéia disso: para estar mais seguro de que ficaria a salvo de qualquer influência estranha à Justiça, solicitou um retiro de alguns dias num convento de cartuxos, para redigir seu relatório na calma e na serenidade desejáveis.

Em 28 de fevereiro de 1762, diante do Parlamento de Toulouse reunido, concluiu pela culpa.

O parlamento, com base em conclusões conformes do procurador-geral Riquet de Bonrepos, proferiu em 9 de março de 1762, pela maioria de oito votos contra cinco, uma sentença que declarava a culpa do velho Calas, condenando-o ao suplício na roda.

Quanto aos outros réus, prorrogava-se a decisão até depois da execução de Calas pai.

Na verdade o Parlamento achava que Calas confessaria antes de morrer.

Mas ele expirou protestando inocência, com uma coragem e uma firmeza que despertaram a admiração e o respeito até de seus mais obstinados acusadores.

Foi por essa razão que em 18 de março, numa segunda decisão, o Parlamento de Toulouse absolveu os outros réus, apesar do clamor popular, que a morte admirável do pai não aplacara.

No entanto, o Parlamento condenou o filho de Calas ao banimento, com certa ilogicidade, que Voltaire não deixou de ressaltar ao dizer:

"Por que banir, se ele é inocente? E por que limitar-se ao banimento, se é culpado?"

Do ponto de vista puramente racional, a crítica era fundada. Mas a Justiça às vezes tem dessas ilogicidades, quando lhe falta a certeza absoluta da culpa e ela transforma a pequena dúvida em grande indulgência, sem querer, porém, chegar à absolvição.

Seja como for, as duas decisões do Parlamento de Toulouse pareciam ter posto termo a esse tumultuoso caso, e, de fato, fora de um pequeno círculo de protestantes de Toulouse, que naquilo viam mais um sinal de perseguição a um dos seus, pode-se dizer que tais sentenças pareciam pecar antes por excesso de indulgência.

De qualquer modo, não tinham criado agitação nem comoção fora de Toulouse.

Melhor ainda: ao receber as primeiras notícias, o próprio Voltaire moteja, num tom brincalhão que tomamos a liberdade de achar inoportuno. Em 22 de março de 1762, ele escreve ao conselheiro Le Bault:

"Tereis ouvido falar, talvez, de um bom huguenote que o Parlamento de Toulouse condenou à roda por ter estrangulado o filho. No entanto, esse santo reformista acreditava ter cometido uma boa ação, visto que o filho queria tornar-se católico e que se tratava de impedir uma apostasia.

"Ele imolara o filho a Deus e acreditava-se bem superior a Abraão, pois este só fizera obedecer, enquanto nosso calvinista enforcou o filho de moto próprio e para a satisfação de sua consciência. Nós não valemos grande coisa, mas os huguenotes são piores que nós e, ademais, vivem invectivando a comédia."

Provavelmente Voltaire ficaria bem espantado nesse dia, se lhe dissessem que ele dedicaria três anos de diligência e esforços para obter a reabilitação daquele bom huguenote, de quem falava então com tanta leviandade.

O fim de março não chegara ainda, e ele recebeu uma visita inesperada, que devia modificar consideravelmente a indiferença irônica com que de início encarara o caso.

Um negociante protestante, Dominique Audibert, que vinha de Toulouse e se dirigia a Genebra, ao passar por Ferney, deteve-se em casa de Voltaire, falou com ele, contou-lhe todo o processo de Calas, seu suplício, sua morte admirável, e comunicou-lhe sua convicção profunda de que Calas era inocente e de que sua condenação só podia ser explicada pela influência secreta dos Penitentes Brancos e pelo fanatismo religioso do Parlamento de Toulouse, "o parlamento mais sangüinário da França", como deveria depois qualificá-lo Voltaire.

Para entender bem até que ponto semelhante entrevista podia apaixonar Voltaire, é só lembrar o que fora a sua vida, inteiramente dedicada à luta contra a religião que ele qualificava de "infame", quais eram suas idéias, em oposição contínua à ordem estabelecida, solapando sem descanso, em nome da razão, da tolerância e da liberdade, todas as instituições do Antigo Regime, a começar pela autoridade dos parlamentos.

Jovem ainda, habituara-se a nada respeitar, pois aprendera a ler nos contos de La Fontaine, no regaço de Ninon de Lenclos, e seu primeiro ensaio na vida literária, quando ainda não contava vinte anos, fora uma sátira tão violenta contra a Igreja e o falecido rei Luís XIV, que lhe valeu uma estada de algumas semanas na Bastilha.

É preciso lembrar também que, após uma existência tumultuada e dissipada, cuja primeira parte se passara em devassidão escandalosa com os libertinos mais notórios de seu tempo; depois de ter conhecido, duas vezes, os rigores da Bastilha e o ardor desconfortável das bordoadas (pena que lhe fora infligida pelo duque de Rohan); depois de precisar exilar-se na Inglaterra e de sofrer, em virtude de seus textos subversivos, a censura da Sorbonne, a inclusão no índex e os processos promovidos pelos parlamentos; depois de viajar não só para a Inglaterra, mas também para a Prússia, onde ficou hospedado por vários anos na corte de Frederico (que lhe ofereceu a cruz de sua Ordem e a chave de gentil-homem da câmara real), para a Holanda e para a Suíça, onde se relacionara com os homens mais consideráveis desses países, Voltaire, aproximando-se dos sessenta anos, fixara domicílio em Ferney, a dois passos da fronteira suíça e de sua propriedade das Delícias, perto de Genebra.

"Os filósofos – dizia ele, lembrando-se dos vários dissabores provocados pela excessiva liberdade de sua pena –, os filósofos precisam ter duas ou três tocas debaixo da terra, para proteger-se dos cães que lhes correm atrás."

Por isso, garantira para si dois refúgios, que uma fronteira oportunamente transposta tornava alternadamente invioláveis.

De um deles, ele desdenhava a polícia francesa, e do outro ouvia sossegadamente os ladridos de Genebra sempre que tivesse faltado ao respeito a Calvino!

Contudo, à medida que envelhecia, sua reputação sempre crescente punha-o cada vez mais ao abrigo dos dissabores de sua juventude.

Deram-lhe o título honorífico de "historiógrafo de França". Nada desperta mais consideração que um título oficial, cuja significação escape ao vulgo. Sua notoriedade recebeu um cunho de respeitabilidade. Ademais, por ter passado a vida em combate, soubera fazer-se temível. Todos receavam os dardos mordazes de seu terrível espírito.

E nada contribui mais para um homem angariar o respeito de seus semelhantes do que o medo que lhes inspira.

Temor, fortuna, relações: Voltaire soubera acumular e pôr à sua mercê esses três incomparáveis instrumentos de ação, os mais poderosos de que alguém possa dispor.

Acrescentem-se a isso as diversões e as recepções, pois levava-se vida alegre em Ferney.

Lá mandara construir um belo teatro, como nos diz em suas Memórias, onde às vezes representava pessoalmente com sua sobrinha, sra. Denis, que possuía superior talento para a declamação. Os atores mais afamados da época lhe davam a deixa. Para assistir, ia gente de vinte léguas de distância.

Até de Paris chegavam grupos alegres.

O "patriarca de Ferney" dava hospitalidade a todos, e mais de uma vez houve jantares com cem convivas e bailes que nada tinham de melancólicos.

Suas relações epistolares não eram menos ativas.

De Ferney "o rei Voltaire", como o chama Arsène Houssaye, exercia sua ditadura intelectual sobre toda a Europa.

Mantinha correspondência habitual com Frederico o Grande e com Catarina da Rússia; era conselheiro de príncipes e ministros e tinha um relacionamento pessoal e estreito com Choiseul, Meaupeou, Turgot, para não falar de outros.

Seria então de espantar que seu crédito fosse imenso e que a prodigiosa fecundidade de seu espírito lhe tivesse permitido dirigir realmente a marcha de seu século?

Essas honrarias, porém, não o haviam desarmado. Ainda que, com a idade e a situação, a expressão de suas idéias tivesse perdido a virulência, as idéias continuavam as mesmas.

Depois de ter sido o

> Maceiro do templo de Citera,
> De Cristo terrível adversário...,

de ter

> Oferecido a Pompadour
> Sua velha água benta da corte [falsas lisonjas],

vivia em Ferney, poderoso, admirado, célebre e temido.

Sempre em luta contra o cristianismo, contra os parlamentos, contra a intolerância.

Em vista dessas tendências, pense-se então com que disposição de espírito e com que interesse ele devia ouvir a narrativa ainda vibrante de sincera indignação de Dominique Audibert.

Musset nos diria que um suavíssimo sorriso ondeou então sobre sua fisionomia descarnada.

Não estaria ali a oportunidade tão esperada, a ocasião mais favorável de todas de ir fundo contra o fanatismo religioso e a autoridade dos parlamentos, sem, entretanto, ficar patente que era aquele o seu objetivo, e sem a necessidade de chocar-se de frente contra esses temíveis poderes do século?

A semente lançada por Audibert em terreno tão propício só podia germinar, crescer e desenvolver-se.

E de fato, sem mais esperar, Voltaire entrega-se imediatamente à campanha.

Já na noite de 25 de março, data da visita de Audibert, ele escreve ao cardeal de Bernis:

"Ousarei suplicar a Vossa Eminência dizer-me o que devo pensar dos horrendos acontecimentos vividos por certo Calas, supliciado na roda em Toulouse por ter matado o filho? Afirma-se por aqui que ele era totalmente inocente. Consta que três juízes protestaram contra essa sentença: são acontecimentos que me dão grande cuidado."

O cardeal de Bernis responde:

"Não acredito que um protestante seja mais capaz de um crime atroz do que um católico, mas tampouco acredito, sem provas cabais, que haja entendimento entre magistrados no intuito de cometer uma terrível injustiça."

Essa resposta prudente não tinha a capacidade de dirimir as dúvidas de Voltaire.

Escreve para Languedoc, mas as informações que recebe são ainda menos animadoras.

"Católicos e protestantes – confessa ele a Damilaville – responderam que não cabia duvidar do crime de Calas; todos me aconselharam, *unanimemente*, a não me meter em mau negócio; todos me reprovaram, mas persisti."

Persiste sim, de tal modo que, apesar das respostas negativas, consolida-se cada vez mais sua convicção quanto à inocência de Calas, quanto ao fanatismo e à parcialidade dos juízes. De qualquer modo, ele quer acreditar nisso, pois é isso que deseja poder demonstrar.

A tal ponto que, em 4 de abril (nessa data ele ainda não recebeu nenhuma informação que confirme o relato de Audibert, que é de 25 de março), escreve a Damilaville:

"*Verificou-se* que os juízes de Toulouse condenaram ao suplício da roda o mais inocente dos homens. Desde a noite de São Bartolomeu nada desonrou tanto a natureza humana. *Clamai e levantai clamores!*"

No entanto, está pessoalmente tão pouco seguro que em 15 de abril, dez dias depois de assegurar a Damilaville que houve intolerância criminosa por parte dos magistrados de Toulouse, escreve de sua casa das Delícias à srta. X:

"É verdade, senhorita, que pedi ao sr. de Chazelles esclarecimentos sobre os acontecimentos horríveis vividos pelos Calas [...] Informei-o dos sentimentos e dos clamores de todos os estrangeiros de que estou cercado, *mas não posso ter-lhe falado de minha opinião sobre o assunto, pois nenhuma tenho."*

Nenhuma? Como então lançou a todos os seus fiéis o grito de batalha: *"Clamai e levantai clamores!"*?

É que esse é o instrumento que conta utilizar: vai fazer de tudo para acionar a poderosa e cega alavanca da opinião pública!

Volta ao assunto continuamente, volta à palavra de ordem que propaga entre seus íntimos, com cujo zelo sabe que pode contar.

Escreve a d'Argental:

"Só deposito esperanças no *clamor público*. Acredito ser necessário que os srs. de Beaumont e Mallard *despertem a grita* de toda a *ordem dos advogados* em nosso favor, e que, de boca em boca, ela repercuta nos ouvidos do chanceler, a quem não se dará descanso ou trégua, e *que todos clamem sem cessar: Calas! Calas!"*

Em 8 de julho de 1762, envia ainda a Damilaville esta exortação insistente:

"Clamai, suplico, e fazei clamar. Só o clamor público poderá lograr justiça."

Assim, todos os seus amigos têm a missão de clamar e fazer clamar. Ele mesmo não fica inativo!

Não tem ainda nenhum auto do processo, nenhuma testemunha, nada que lhe permita agir com justiça do mesmo modo como já começou a agir sobre a opinião.

Cumpre, pois, constituir um dossiê. Mas não pode encarregar-se disso sozinho. É verdade que tem algumas vagas noções jurídicas, pois seu pai, outrora, para dissuadi-lo da carreira literária – que considerava "situação do homem que quer ser inútil à sociedade e morrer de fome" – fizera-o estudar direito e cumprir um estágio no escritório de um procurador judicial.

Apesar disso, ele precisa cercar-se de assistentes e consultores.

Estabelece em Genebra um Conselho consultivo constituído pelo ministro protestante Mouton, o mais inflamado partidário de Calas, pelo advogado de Végobre, protestante emigrado, por Tronchin, seu médico, e pelo banqueiro Cathala.

Esses conselheiros, cujo ardor é idêntico ao seu, são especialmente encarregados da caça aos documentos.

Colhem depoimentos favoráveis e trazem de Toulouse autos do processo.

Donat Calas, que se refugiara na Suíça, é chamado por Voltaire, e é em seu nome que serão publicados numerosos manifestos e defesas redigidos por Voltaire.

Essas brochuras propagandísticas, impressas na Suíça, Voltaire incumbe os amigos enciclopedistas de espalhar em profusão.

"É preciso que sejam espalhadas por todos os lugares – ele diz a d'Alembert –, que com elas se inunde Paris, que todo o público fique a par desses horríveis acontecimentos."

Ao mesmo tempo, age e faz agir sobre pessoas da corte: escreve à duquesa de Enville, ao duque de Richelieu, à condessa de Egmont, ao magistrado de Brosses.

Quando vê que a questão começa a assumir contornos favoráveis, não se dá ao trabalho de esconder aos íntimos seu regozijo, ao mesmo tempo que lhes revela os verdadeiros móbeis de sua intervenção.

"Ser-me-á muito agradável – escreve a d'Argental – ganhar esse processo contra os Penitentes Brancos."

Em 15 de setembro de 1762 escreve de maneira ainda mais explícita a d'Alembert:

"Essas contestações em favor de Calas *têm o único objetivo* de preparar os espíritos e *de ter o prazer de tornar execráveis e ridículos um Parlamento e os Penitentes Brancos!"*

Escreve de novo em 28 de novembro, recomendando-lhe a viúva de Calas, que acaba de chegar a Paris:

"Protege, meu irmão, no que te for possível, a viúva Calas. *É uma huguenote imbecil*, mas o marido dela foi vítima dos Penitentes Brancos. Importa ao gênero humano que os fanáticos sejam aniquilados.

"Oh! Irmãos! Lutemos contra o infame até o último suspiro!"

Assim, sua confissão nos chega através de sua própria pena: o verdadeiro móbil, que dava tanto ardor ao defensor de Calas, era a luta contra "o infame".

Sua generosidade era admirada, e ele tinha também a satisfação de saciar ódios pessoais.

Tantos esforços não permaneceriam estéreis.

A instrução *"Clamai e levantai clamores"* já produzia frutos.

Um escritor da categoria de Voltaire não resolve agitar inutilmente a opinião pública.

Quem apelar para a indignação popular repetindo incansavelmente, mesmo sem provas, que uma terrível injustiça foi cometida sempre encontrará pessoas de boa-fé que o sigam.

E o exemplo das pessoas convencidas logo angariou a adesão de outras.

Assim, a coorte dos defensores de Calas ia engrossando. O clamor popular elevava-se, inchava, começava a comover o poder.

Também não vimos, mais de um século depois, um escritor famoso, num caso que também apaixonava a opinião pública, em parte pelas mesmas razões de ordem confessional, de clã e de culto, atacar com veemente eloqüência a decisão dos Conselhos de Guerra e arrastar atrás de si uma multidão de gente honesta, retirada do habitual retraimento por esse apelo público à consciência?

Eterno recomeço das coisas terrenas! Todas as vezes que uma questão religiosa se mistura a uma causa jurídica, a verdade se tolda e a ação da justiça é entravada ou falseada.

A Europa inteira começava a comover-se com as palavras de Voltaire e tornava-se favorável a Calas.

Frederico da Prússia e Catarina da Rússia enviaram a Voltaire somas consideráveis para ajudá-lo a obter a reabilitação. Foram feitas subscrições na Inglaterra e na Holanda, em favor dos Calas.

É que toda essa campanha custava caríssimo. Era preciso pagar a vinda dos autos da instrução de Toulouse, pagar a viagem das testemunhas de defesa, abrir um processo regular diante do Conselho do rei e, o mais importante, reimprimir sem parar numerosos exemplares da contestação em favor de Calas, com que a França e a Europa eram inundadas.

Voltaire não pensava em assumir sozinho todas aquelas despesas. Achava que já se tinha esforçado o suficiente ao pôr sua pena a serviço daquela causa e ao redigir de próprio punho a defesa de Calas.

Tinha empenhado todos os recursos de seu versatilíssimo espírito e de sua persuasiva eloqüência, mas demonstrava bem mais preocupação em convencer do que em respeitar a verdade.

Começava por apresentar Donat Calas, que tinha então vinte e três anos, pois nascera em 11 de outubro de 1739, como um jovem Eliacin cheio de candor e mais comovente ainda por estar assumindo sozinho a defesa do pai, da mãe e do irmão.

A defesa começava com a descrição da vida da família Calas, um quadro idílico, em que sempre haviam reinado a mais completa harmonia, a união e a ternura mais comoventes, a estabilidade emocional e a mais sábia tolerância.

Prova disso eram a presença, no lar, da velha criada católica e a pensão paga ao irmão convertido (já vimos o que se deve pensar disso).

Reconstituía em seguida as circunstâncias da tragédia, com o cuidado de dizer, logo de início, que Marc-Antoine nem sequer pensava em tornar-se católico; que havia muito tempo alimentava seu trágico projeto, obcecado o tempo todo pela idéia da morte e do suicídio, conhecendo de cor o famoso monólogo de Hamlet.

Não diz uma palavra sobre as objeções materiais de David de Beaudriguez.

Em compensação, apresenta Calas pai como um velho frágil, de sessenta e oito anos, e Marc-Antoine como o homem mais robusto da região.

"Nenhum dos indícios enganosos com base nos quais foi julgado pode compensar essa impossibilidade física."

Finalmente, estende-se condescendentemente nos comentários sobre o papel odioso dos Penitentes Brancos e espalha o boato de que a metade dos juízes fazia parte dessa confraria.

Para o público que não conhecia o caso, que não podia conhecê-lo de outro modo senão por essa defesa habilmente apresentada, a inocência de Calas não deixava dúvidas. Ao mesmo tempo, a correspondência de Voltaire continuava a tratar desse assunto com a mesma atividade insinuante, hábil, variando os efeitos segundo o destinatário. A um dizia:

"Tenho provas certas de que aquele infeliz não tinha vontade alguma de tornar-se católico. E veja que o contrário é dado como certo."

A outro escrevia:

"Esse caso, salvo engano meu, é um resquício do espírito de cruzada contra os albigenses!"

A um terceiro protestava boa-fé:

"Ajo como historiador... Se me interesso tanto por esse assunto é porque vejo todos os estrangeiros indignados, é porque todos os vossos oficiais protestantes suíços dizem que já não combatem com entusiasmo por uma nação que manda um irmão deles para o suplício da roda sem prova alguma."

A outro ainda declara:

"Não se sabe que efeito isso produz. Tornamo-nos motivo de horror e desprezo na Europa, fico indignado com isso. Para a honra da França, é importante que o julgamento de Toulouse seja confirmado ou condenado."

Assim, toda aquela agitação que é obra sua, que ele soube criar habilmente com todas as peças, passa a ser um argumento patriótico em favor da revisão.

Como se vê, é a propaganda-proteu, que está sempre mudando de forma segundo o interlocutor, insinuante e diversa, sempre convincente.

Essa propaganda penetrava em todos os lugares e arrebatava todas as convicções, a ponto de se poder assistir a algo que parecia inverossímil e paradoxal: a aliança entre Voltaire e a Irmã Anne-Julie, religiosa da ordem da Visitação, visitandina muito influente por seu parentesco com o chanceler de Maupeou, numa união de esforços em prol da reabilitação de Calas.

Finalmente, depois de tudo pronto, Voltaire encarregou Manette e Elie de Beaumont, advogados mais conhecidos pelo liberalismo que pelo talento, de redigirem uma defesa para o Conselho do rei, único que tinha competência para anular as sentenças dos parlamentos.

Cada um desses dois advogados redigiu uma defesa, que Voltaire cumulou de elogios hiperbólicos... depois de tomar o cuidado de fazer muitos retoques e de corrigir os erros que haviam sido introduzidos.

Chegara a hora do grande assalto. Para preparar o terreno, Voltaire escreveu ao magistrado supremo d'Auriac, ao duque de Villars, à duquesa de Enville, ao marechal de Richelieu, para que eles interviessem a favor da cassação junto ao chanceler Saint-Florentin.

Nomeados os juízes, Voltaire cuida de influenciá-los.

Escreve a d'Argental:

"A justiça é como o céu: *Violenti rapiunt illud*. É preciso instar os magistrados com *força* e por muito tempo, pela manhã e à noite, através de seus amigos, seus parentes, seus confessores, suas amantes."

Grimm conta que Luís XV se interessara pessoalmente pelo caso Calas e, ao lhe dizerem "Os juízes podem ter-se enganado; não há bom cavalo que não tropique", o rei teria respondido:

– Não foi um juiz, mas todo o Parlamento de Toulouse que se enganou. Admito que um cavalo tropique, mas não toda uma cavalariça.

Essa conspiração teria êxito.

Em 1.º de março de 1763, o gabinete de cassações do Conselho julgou admissível o pedido.

Depois de quinze meses, o mandado de cassação foi expedido pelo Conselho do rei: o resultado já não deixava dúvidas.

Finalmente, em 9 de março de 1765, três anos justos após a condenação, Calas era solenemente reabilitado pelo Parlamento de Paris.

Voltaire chorou de alegria ao saber de sua vitória. E pôde dizer, num grito de triunfo, as seguintes palavras que dão uma idéia exata do valor jurídico dessa sentença:

"Ela já havia sido proferida pelo público muito antes de ser assinada pelo Conselho."

A campanha de Voltaire a favor de Calas fizera uma vítima inesperada na pessoa do *capitoul* David de Beaudriguez, que caiu em desgraça, foi afastado de suas funções e suicidou-se.

O nome dele seria alvo de tal execração por parte do povo que a Revolução decapitou, em 1793, seu infeliz neto, unicamente por ser o último descendente daquele que a lenda responsabilizava pela morte de Calas.

Aí está um inocente por cuja reabilitação ninguém lutou, ainda que para sua condenação os juízes tenham atendido a menos formalidades do que o Parlamento de Toulouse em 1762.

Coincidência interessante: a Revolução, que guilhotinou sem razão o neto do *capitoul* de Beaudriguez, mandava transportar para o Panteão as cinzas do autor do *Tratado sobre a tolerância**.

É assim que, às vezes, as idéias lançadas pelos grandes pensadores têm ricochetes remotos, cuja ironia cruel sem dúvida desconcertaria seus autores.

Mas essas considerações... remotas não nos devem impedir de prestar a Voltaire o tributo de admiração que ele mereceu nesse caso, por sua habilidade e pela dedicação que demonstrou.

Com isso, provou que seu pai não estava completamente errado quando queria fazer dele um advogado.

Não há dúvida de que ele não se mostrou perfeitamente apto a desempenhar essa profissão de maneira eminente. Porém é mais justo dizer que, nessa situação, ele se comportou bem menos como advogado do que como polemista.

---

* Trad. bras. São Paulo, Martins Fontes, 2.ª ed., 2000.

Conseguiu realizar precocemente o modelo das campanhas de imprensa!

E mostrou-se, em todo o transcorrer desse caso, o mais apaixonado e o mais hábil dos jornalistas.

Sabia dosar indignação com o senso crítico de clarividente lucidez.

"Achou minha última defesa de Calas acalorada demais – escrevia ele a Tronchin; preparo-lhe outra em banho-maria."

E dizia também:

"Temos *carne crua* para os *estrangeiros*; esta defesa é para a *França*: foi feita em *banho-maria.*"

A nós agradaria que houvesse mais ímpeto e menos ardil, mais sinceridade e menos oportunismo.

O que nos impede de admirar sem reservas sua habilidade é justamente o fato de ela ser manifesta demais.

É principalmente porque Calas e sua reabilitação não passaram para ele de um meio de servir às suas idéias pessoais, não sendo o objetivo real de seus esforços.

Mas não sejamos tão intransigentes.

Porque qualquer verdade é relativa, e na distância do tempo a história importa menos para a reputação de um homem do que a lenda.

E a lenda, passando por mil bocas, repete há um século e meio: "Voltaire, defensor e salvador dos Calas."

Foi assim que Paris o aclamou, quando voltou vitorioso no fim da vida.

Esse belo título "defensor dos Calas" está e continuará indissoluvelmente associado a seu nome, a despeito dos trabalhos eruditos e pouco lidos de alguns raros estudiosos que demonstraram que, ao defender Calas, ele visava ao triunfo de suas idéias.

Nem por isso deixará de ter essa reputação, o que é muito natural, pois as reputações são feitas da opinião da maioria, e a maioria julga a partir das aparências.

Portanto, Voltaire continuará sendo o defensor dos oprimidos, o paladino da justiça que venceu o fanatismo e a intolerância.

Até seus adversários continuarão gabando seu generoso desinteresse, repetindo com ele este verso, que ele modestamente aplicava à sua pessoa:

O ter feito algum bem é minha melhor obra!

2. *Lachaud*

Este estudo é muito antigo. Foi escrito nos dias felizes e distantes de minha juventude... quando eu estreava no Palácio da Justiça em 1888.

Charles-Alexandre Lachaud nasceu em Treignac, no departamento de Corrèze, no dia 25 de fevereiro de 1818. Pouco sabemos de sua infância e de seus primeiros anos. Estudou no colégio de Bazas, e aí, segundo um de seus biógrafos, já era notável por sua paixão pela palavra. Reunia os colegas em torno de si, no pátio, e, quando o bedel percebia que todos tinham parado as brincadeiras e formado um grande círculo em torno de um garotinho que gesticulava com ardor, podia dizer sem se enganar: "É o pequeno Lachaud que está perorando no meio dos colegas!" E os coleguinhas ficavam ouvindo boquiabertos aquele discurso infantil, deixando-se convencer de bom grado, como se fossem simples jurados!

Em 1836, veio a Paris para estudar direito, e logo depois voltou para sua terra e inscreveu-se como advogado no tribunal de Tulle. O início de sua carreira foi muito brilhante, porém difícil, como o de todos os advogados que estão começando e são obrigados a lutar corajosamente para fazer nome e clientela. Foi quando, de repente, por um desses acasos felizes e providenciais, por uma dessas felicidades que sempre acontecem quando menos se espera, um grande processo criminal veio tirá-lo da obscuridade para fazê-lo entrar de chofre na glória e na fama.

Nos primeiros dias de janeiro de 1840, a sra. Lafarge, nascida Marie Capelle, foi presa em seu castelo de Glandier, perto de Tulle, onde seu marido, dono de fundições, acabava de morrer. A sra. Lafarge era filha de um antigo coronel do Império; tinha ligações com as mais dignas famílias da época, e estava sendo acusada pela sogra, que a perseguiria até sua morte com feroz obstinação, de ter envenenado o marido com arsênico e de ter roubado diamantes de uma de suas amigas de infância, srta. de Nicolaï, casada há pouco com o sr. de Léautaud. Essa dupla e terrível acusação dirigida contra uma mulher da sociedade, jovem, bonita, distinta e inteligente, teve uma repercussão prodigiosa: o caso logo se transformou em causa célebre.

A sra. Lafarge tinha assistido a uma defesa de Lachaud num caso de infanticídio diante do júri de Corrèze; não o conhecia então, mas ficou tão seduzida pela eloqüência ardente do jovem advogado – ele só tinha vinte e dois anos na época – que pensou em recorrer a ele em caso de necessidade. Assim que foi presa, escreveu-lhe da prisão a seguinte carta, que foi conservada:

"O senhor tem um admirável talento. Só o ouvi uma vez, e me fez chorar! Na época, porém, eu era alegre e sorridente; hoje sou triste e estou chorando. Devolva-me o sorriso fazendo que minha inocência fulgure aos olhos de todos!

Marie CAPELLE"

Lachaud aceitou, mas a família Lafarge já tinha escolhido um advogado de defesa, era o célebre Paillet, então presidente da Ordem dos Advogados de Paris. Marie Capelle, que ouvira Lachaud e lhe prognosticara um futuro de glória, não quis abandonar aquele que havia escolhido, e exigiu que seu jovem advogado de defesa trabalhasse junto ao ilustre veterano[1]. E aconteceu algo singular: a partir de então, o nome de Lachaud ficou unido ao do processo Lafarge, pois, embora não tivesse atuado na causa capital de envenenamento, mas apenas na do roubo das jóias, o mundo, a opinião pública, pode-se mesmo dizer a posteridade, que começa cedo para os grandes homens, atribuíram-lhe a defesa da senhora Lafarge. "A lenda", disse Sangnier, "está criada há muito tempo; é falsa como a maioria das lendas, mas não deve ser mudada nem refeita: Lachaud defendeu sozinho a sra. Lafarge."

E defendeu-a com todo o seu coração e seu talento! Era jovem, cheio de ardor e dedicação, com grandes reservas de talento e eloqüência, que só estavam à espera de ser gastos sem parcimônia. Estava na idade em que, segundo a expressão do antigo poeta, "o coração canta alto a canção dourada da juventude e dos vinte anos", e dedicou-se inteiramente à defesa daquela jovem de vinte e quatro anos, que tinha um encanto e uma beleza, um espírito e uma graça que seduziam todos os que a cercavam.

Tanto esforço, tanto talento foram gastos em vão; a sra. Lafarge foi considerada culpada com admissão de circunstâncias atenuantes, "que marcaram a hesitação dos jurados", e condenada a trabalhos forçados perpétuos.

Os debates desse célebre processo foram palpitantes: até o fim da audiência de julgamento a sra. Lafarge teve defensores inquebrantáveis. Foi assim que Raspail, desconhecido então, mas já apóstolo da revolução e da cânfora – duas especialidades, das quais uma fez sua popularidade e outra sua fortuna (que é bem menos frágil) – Raspail, repito, foi chamado pela defesa para replicar às conclusões esmagadoras dos peritos médicos que haviam constatado a presença de arsênico no cadáver de Lafarge. Na

---

1. Bac também atuou como advogado de defesa nesse caso.

audiência, o grande químico teria feito uma célebre declaração: "Arsênico! O que isso prova? Dêem-me um pedaço de pau da cadeira, do próprio sofá em que estão sentados, que eu encontro arsênico lá dentro."[2] Condenada, Marie Capelle não desanimou. Conservou aliados e defensores. Na prisão de Tulle, recebia mais de 6.000 cartas por ano: de comiseração, ofertas de subsídios e principalmente declarações de amor ou pedidos de casamento de – será preciso dizer? – ingleses ricos ou americanos excêntricos! Durante o tempo em que esteve presa, escreveu um livro intitulado *Heures de prison* [Horas de prisão], que contém algumas belíssimas páginas.

Em 1852, finalmente, escreveu ao príncipe Luís Napoleão, Presidente da República, não para pedir-lhe graça, mas justiça. Essa carta, que foi conservada, contém belos trechos.

"Meu senhor", dizia ela, "sou inocente! Durante doze anos desesperei da justiça dos homens, mas vós sois o representante da justiça divina na terra... Não é a liberdade a felicidade que imploro, mas um modo de fazer que Deus se interesse pelo triunfo de meus direitos. Príncipe, se meu pai estivesse vivo, só encontraria um nome suficientemente elevado para transformar um ato de clemência num ato de justiça: esse nome é o vosso. Elevo minha súplica até vós! Graça para a memória e a honra de meu pai! Graça, Príncipe, e justiça para dois!"

Napoleão fez graça, e a sra. Lafarge voltou para seu castelo de Glandier, que permanecera deserto e inabitado durante mais de doze anos. Estava iludida quanto às

---

2. *Se non è vero, è ben trovato!* Os poetas populares logo começaram a retirar alguns versos de rima rica: *Quand Raspail arriva/Orfila/Fila* [Quando Raspail chegou, Orfila deu o fora]. Na verdade Raspail não depôs como testemunha...

disposições da opinião pública a seu respeito. "Quando eu voltar à minha terra", dizia, "vão trazer-me flores, terei uma recepção triunfal..." Coitada! Nada disso aconteceu. Os habitantes de Glandier receberam-na muito mal, e, quando ela andava pela cidadezinha, ouvia pessoas murmurando após sua passagem: "ladra! assassina!".

Não aproveitou muito a liberdade, pois morreu algum tempo depois de sair da prisão. No leito de morte, reuniu os amigos que tinham continuado fiéis, e lá, diante de todos, diante do padre que fora chamado para dar-lhe a extrema-unção, ela fez esta declaração suprema: "Vou aparecer diante de Deus para ser julgada. Pois bem! diante dele, protesto minha inocência!"

Lachaud – que certamente tivera por ela algo mais que sentimentos de dedicação – sempre a considerou inocente, tanto antes quanto depois da condenação. Sua convicção, dizem, era tão forte que não pôde ser quebrantada por quarenta anos de lembranças e reflexões. Ninguém ousava falar nela diante dele, pois todos sabiam como esse assunto era doloroso e lhe causava desgosto. "No entanto", conta Ignotus, o notável escritor, "certa noite em casa do doutor Debeauvais, médico-chefe de Mazas, diante de vários conhecidos magistrados, uma senhora – as mulheres são terríveis – pronunciou o nome da sra. Lafarge."

Lachaud exclamou, muito comovido: "Pois bem, sim, vamos falar desse assunto. A senhora me perguntará se ela era culpada? Culpada! Ela! Se a tivesse conhecido não o estaria perguntando. Ela, culpada, Marie Capelle? (Lachaud nunca dizia sra. Lafarge), aquele coração extraordinário que me adivinhou, quando eu mesmo me procurava, aquela mulher maravilhosa que, depois da condenação, me dizia: 'Meu amigo, fico feliz por minha desventura ter servido para torná-lo famoso.' Infeliz! Diga sim que ela foi esmagada por uma fatalidade mais cruel que qualquer das tristes fatalidades do teatro trágico antigo. Mas culpada não!"

Marie Capelle morreu em 1853, e durante trinta anos Lachaud não deixou de cuidar de seu túmulo com devotado respeito, nem de lhe levar flores. Um dia[3], pouco antes de morrer, já triste e doente, estava jantando em casa de Paul de Cassagnac quando disse à jovem esposa do deputado de Gers: "Os corações que crêem na inocência de Marie Capelle são cada vez mais raros. Como vocês estão entre essas pessoas, prometam-me que cuidarão do túmulo dela depois que eu morrer... Esse pensamento me fará bem."

Em 1842, Lachaud fazia uma defesa em Lyon no misterioso e dramático caso de Marcellange, que vou resumir em algumas palavras. Em 1.º de setembro de 1840, por volta das oito e meia da noite, Louis de Marcellange estava sentado junto à lareira do salão do castelo de Chamblas, perto de Puy, e em torno dele estavam todos os seus criados, com os quais convivia familiarmente: segundo seu costume, acabava de fazer com eles a prece da noite. Foi quando, de repente, ouviram-se duas detonações, os vidros se estilhaçaram e Louis de Marcellange, morto instantaneamente, caiu sobre as cinzas da lareira...

Passou-se muito tempo sem que se descobrisse o assassino. Várias pessoas foram presas e depois soltas por falta de provas, mais de quinhentas testemunhas foram ouvidas. Mas ninguém ousava falar, ninguém ousava, no país aterrorizado, repetir em voz alta as estranhas suspeitas que eram pronunciadas em voz baixa: a mulher de Marcellange, em cumplicidade com a mãe, sra. de Chamblas, teria mandado um dos criados, chamado Jacques Besson, assassinar o marido.

---

3. Este episódio é contado por Ignotus.

Finalmente, após nove meses de minuciosa instrução, a justiça pôde seguir seu curso. Jacques Besson, preso com base em testemunhos formais, foi condenado à morte pela Corte criminal do Loire. Mas a sentença foi anulada por vício jurídico de forma, e o caso foi reapresentado diante da Corte criminal do Ródano. Antes da audiência, as senhoras de Chamblas, que por fraqueza não foram processadas como cúmplices, desapareceram, confessando assim a culpa. Jacques Besson, que fora defendido por Rouher diante da Corte criminal do Loire, agora era defendido por Lachaud diante da Corte criminal do Ródano. As paixões estavam tão acesas, os ódios eram tão violentos que Lachaud, ao sair da audiência, teve de ser protegido por soldados contra as hostilidades da multidão[4]. Jacques Besson foi novamente condenado à morte. Marchou para o cadafalso sem tremer, recusando-se a entregar à justiça o segredo da terrível tragédia.

"De que serve falar?", dizia ele aos magistrados que o cumulavam de perguntas, "isso não me salvaria, e eu estaria colocando muita gente em apuros."[5]

Em 1844, depois de todos esses acontecimentos, Lachaud veio para Paris, e, embora fosse precedido por sólida reputação, o início foi difícil naquele grande tribunal de Paris, repleto de talentos, onde os jovens tanto custam a abrir caminho e a conseguir um lugar ao lado dos veteranos. Lachaud, apesar da robusta confiança em si e em sua força, teve momentos de desalento. "Tudo o que desejo", dizia ele um dia a Philippe Dupin, na época um mestre da palavra, "é conseguir ganhar uns doze mil francos por ano." Dupin, que era a finura em pessoa, a malícia em

---

4. Vimos o mesmo fato em Constantine, no caso do infeliz Henri Chambige.
5. Leia-se o belíssimo livro de Bouchardon: *Les dames de Chamblas*.

forma de homem, respondeu tranqüilamente: "Por esse preço eu o arrendo!" E dizem[6] "que o negócio teria sido melhor para o arrendatário que para o proprietário".

Pouco tempo depois de chegar a Paris, ele se casa. Sua mulher é a filha do acadêmico Ancalot, que acabava de arruinar-se num desastroso negócio com teatros de Vaudeville. Lachaud reuniu todos os credores do sogro, reconheceu como suas todas as dívidas dele, e ressarciu-os integralmente. Esse foi um dos primeiros gestos, mas não dos menos notáveis, daquela sua generosidade delicada e inesgotável, que fazia parte inerente de sua natureza.

Nos tribunais de Paris não demorou a conquistar o lugar que lhe era devido. Advogava principalmente nas cortes criminais. Era para lá que o levavam de bom grado a natureza e a vastidão de seu talento, era ali que suas maravilhosas faculdades, que sua incomparável eloqüência encontravam espaço e podiam ser despendidas com a prodigalidade de um temperamento inexaurível. Era lá que se sentia mais à vontade, que estava em seu verdadeiro elemento. Foi naquela Corte criminal, onde, a despeito dos excelentes sucessores, como Demange, Danet e tantos outros, ninguém ainda pôde apagar sua memória e preencher o vazio deixado por seu desaparecimento, foi lá que ele obteve as mais belas vitórias, os mais brilhantes sucessos. Gostava das cortes criminais e tinha razão, pois pelo menos lá a palavra tem ação, a eloqüência tem resultado. Não se está diante de juízes indiferentes, mais ou menos insensíveis aos artifícios da palavra, mas diante de doze jurados – doze homens –, muitas vezes nervosos e impressionáveis em excesso, mas atentos, escrupulosos, ouvintes ardentes e convictos, que só esperam ser persuadidos, indulgentes com todas as fraquezas e os erros hu-

---

6. Albert Bataille.

manos, julgando na maioria das vezes mais com o coração que com a razão, sem que por isso seus veredictos sejam piores! O que haverá de mais belo, pergunto, de mais arrebatador que esses processos criminais em que os grandes dias de audiência, quando a sala é ocupada pela multidão, o auditório inteiro, os jurados, os próprios juízes – extraordinário triunfo! –, frementes, ficam inteiramente absorvidos pelos lábios de um homem que está a ponto de salvar um de seus semelhantes? Essa volúpia, essa embriaguez da palavra foram conhecidas e saboreadas por Lachaud mais que por qualquer outro!

Mais uma vez, ele era o homem das causas, dos grandes dramas humanos, às vezes tão cruéis e pungentes. "Como fazia suas defesas – e é em Albert Bataille que vou buscar todos esses detalhes –, como, em quase todas as causas, ele triunfava do ministério público, das testemunhas, do próprio cliente", que ele cobria com uma espécie de escudo?

"Os jurados tinham prevenção contra seu próprio talento, mas tudo o inspirava e impressionava. Ele conduzia os ouvintes encantados e atentos de uma surpresa a outra. Trabalhava as consciências, chegou-se a dizer, tal qual um artesão hábil trabalha o mármore! Procurava e encontrava o meio de penetrar nos corações, enxergava o defeito na couraça e entrava vitorioso nas consciências." Era tão bom como observador do coração humano quanto como orador. Estudando um a um todos os jurados, olhando-os, fascinando-os, saía de seu banco de advogado[7], ia falar perto deles, atravessando o pretório e passeando sem parar de falar, e só largava os jurados "quan-

---

7. A barra que encerra o banco dos advogados, na Corte criminal do Sena, não existia antigamente; foi colocada para impedir que Lachaud se entregasse às suas deambulações oratórias.

do percebia na fisionomia deles que o argumento tinha funcionado".

Se por acaso percebia que um dos jurados continuava incrédulo, que não estava convencido, recomeçava sua defesa para o recalcitrante e sempre conseguia, por uma intuição admirável, descobrir o argumento que devia surtir efeito sobre aquele espírito rebelde. "Ele se assenhoreava", como disse Gambetta, que gostava muito de Lachaud e fez um admirável retrato do mestre, cujo talento tinha tantas afinidades com o seu, "ele se assenhoreava com uma braçada hercúlea de todos os elementos da acusação, triturava-os, misturava-os, entrechocava-os, agitava-os para finalmente arremessá-los, com um lance de eloqüência, no sonho e na quimera!" Era também, e acima de tudo, um tático de primeira plana, um hábil conhecedor das sutilezas do ofício, que se notabilizava, durante o interrogatório e o depoimento das testemunhas, por assumir posições inexpugnáveis e por assestar as baterias da defesa.

Era o terror das infelizes testemunhas, que premia sem piedade com perguntas insidiosas, procurando suscitar contradições. Infelizmente, às vezes ocorria o contrário; ele provocava uma resposta precisa, esmagadora para o cliente... Então, era de se ver! Sentava-se esfregando as mãos com uma expressão tão encantada, com um ar de felicidade tão convicto, proferindo em voz alta frases como "muito bem! perfeito! os senhores jurados vão gostar", que os jurados, estupefatos, chegavam a acreditar que tinham entendido mal, e que a declaração da testemunha, ao contrário, tinha sido excelente para o réu!

Esses são, permitam-me a expressão, pequenos truques que eu não deveria estar revelando, e que o leitor deverá esquecer se um dia tiver a maçante honra de ser jurado.

Quando o ministério público começava seu libelo acusatório contra o réu, Lachaud fingia que não estava escutando, que era indiferente a tudo o que o promotor dizia. Cochilava à mesa, com a cabeça entre as mãos, "com a atitude do estudante que dorme na aula da noite", segundo expressão de Ignotus, e os jurados que não estivessem a par dessa tática só poderiam pensar: "É preciso que o advogado esteja muito seguro da correção de sua causa. Não fosse assim, pelo menos se daria ao trabalho de escutar, não ficaria dormindo com tanta beatitude."

Não se iludam! Ele não estava dormindo. Ao contrário, ouvia; ficava ali, como descreve Gambetta, "de orelha em pé, calmo, e só a mão se mostrava febril, picando a canivetadas alguma pena perdida entre seus dedos, recebendo todos os golpes em seu próprio peito, contando-os, para devolvê-los logo em seguida com a usura do gênio". E, quando o promotor fazia alguma apreciação inexata, alguma interpretação fantasiosa dos fatos, Lachaud levantava de súbito a cabeça inteligente e escarnecedora, com um jeito zombeteiro e céptico, um sorriso incrédulo, e lançava um "hum-hum!" retumbante e sonoro que arrancava gargalhadas do auditório e fazia o infeliz advogado perder a seqüência e o fio de suas idéias.

Lachaud era um adversário polido e cortês, mesmo nas discussões mais acaloradas e apaixonadas. Sabia conservar o autodomínio, sem nunca se arrebatar, o que é uma grande força e confere prodigiosa superioridade sobre os adversários irascíveis e nervosos. Apesar de ser o terror dos juízes por sua verve irônica, pela imprevisibilidade de suas perguntas e respostas, quase sempre se dirigia aos magistrados segundo as formalidades respeitosas que convêm a um homem bem educado e de bons costumes. Digo *quase sempre*, pois citam-se pelo menos duas circunstâncias, das quais uma célebre, em que ele não teve medo de afastar-se das regras da conveniência que tão justamente se impusera.

Arrazoava certa vez diante de um tribunal de recursos da província, num caso muito delicado, e como, em razão da situação do acusado, o fato denunciado alcançara grande repercussão, o procurador-geral fora em pessoa assumir a palavra e sustentar a acusação. Lachaud, como de costume, premia as testemunhas com perguntas para estabelecer a inocência de seu cliente. Essas testemunhas eram pessoas conhecidas, escritores como Blavet, músicos como Léo Delibes, que acorreram para afirmar a perfeita honorabilidade do acusado. O procurador-geral, perdendo a paciência, exclama de repente: "Afinal, senhores, não estou entendendo essa tentativa de reabilitação que fazem aqui diante dos senhores. Irão pedir-lhes, agora, para conduzir o acusado até o Capitólio?" – "Ora, senhor procurador-geral", responde Lachaud, numa daquelas prontas respostas em que se distinguia. "Ninguém está preocupado; sabemos perfeitamente que o senhor o impedirá."

Essa alusão espirituosa e impertinente ao papel protetor desempenhado pelos gansos talvez não tenha sido feita por Lachaud, mas por seu filho. Pouco importa! A presença de espírito e o talento são hereditários nos Lachaud, e o filho, Georges Lachaud, usou com dignidade o grande nome que lhe foi legado.

O segundo descomedimento que ele se permitiu foi mais grave e teve resultado decisivo: a supressão do *resumo* que o juiz-presidente proferia ao fim dos debates, após o libelo acusatório e o arrazoado. O resumo muitas vezes era um novo libelo acusatório que recaía sobre o acusado, em desprezo aos artigos tutelares de nossa lei penal, segundo os quais a última palavra deve sempre caber à defesa. Havia muito tempo, protestava-se contra os tais resumos; os espíritos liberais exigiam energicamente a supressão dessa formalidade obsoleta e às vezes perigosa; mas essas reclamações continuavam sem resultado, essas reivindicações sem efeito, pois todos devem saber que não há nada tão difícil em nossa bela França quanto pôr fim a um abuso ou reparar uma injustiça!

O incidente que ocorreu entre Lachaud e o juiz-presidente no caso de Marie Bière fez sozinho mais que todas as reclamações juntas.

A srta. Marie Bière era cantora lírica. Durante muito tempo foi citada como uma exceção no mundo do teatro: tinha bom procedimento. Depois de resistir alguns anos às tentações da vida fácil, deixou-se seduzir por um rico *clubman*, muito conhecido no mundo galante, o sr. Gentieu, e foi por este abandonada depois de se tornar mãe. Marie Bière vingou-se desse abandono sumário disparando, na rua Auber, três tiros contra Gentieu, dos quais dois o atingiram no braço e na perna. As mulheres que matam, as mulheres que desfiguram com ácido são numerosas e têm encontrado nos jurados tanto paternalismo indulgente que tais tipos de casos hoje parecem banais e despertam um interesse medíocre por parte do público. Naquela época, porém, era menor a insensibilidade, e aqueles disparos tiveram uma ressonância prodigiosa.

No dia da audiência, a sala foi invadida por um público numeroso e apaixonado, composto sobretudo por mulheres, certamente desejosas de aprender como, em certas ocasiões, vingar-se de um abandono demasiado brutal, e por pessoas do mundo artístico, atores, escritores como Ludovic Halévy, que ainda nem sonhava com a Academia e se contentava em pensar nas *Petites Cardinal,* o que era bem mais recreativo; Alexandre Dumas filho, que ali ia assistir à aplicação prática dos conselhos que dera numa brochura intitulada *Tue-là!,* que causara muito rumor na época.

Depois de um fascinante arrazoado de Lachaud, o juiz-presidente fez seu resumo, e aqui passo a palavra a uma testemunha ocular[8]. "Tratava-se do meritíssimo juiz B***, com sua bela cabeça Luís XV toda empoada, com seus trejeitinhos faceiros que lhe davam um ar de abade galante da corte, hostilizando a olhos vistos a heroína do drama da rua Auber.

"Lachaud, como de costume, parecia dormir, com os braços cruzados sobre a mesa, com o rosto escondido entre as mãos. De vez em quando resmungava: 'Isso é o resumo!... Ele chama isso de resumo... Vamos ver se vai durar muito...'

"'O que está dizendo, sr. Lachaud?' interrompeu o juiz-presidente.

"Lachaud não respondeu, e o libelo acusatório – pois o era – continua mais animado. De súbito Lachaud dá um salto ao ouvir as seguintes palavras do juiz: 'Senhores jurados, não se preocupem com a pena, ela será o que quiserem!'.

"'Desta vez', diz Lachaud em voz baixa aos vizinhos, 'o resumo vai dar em nada.' Depois, voltando-se para o juiz e interrompendo-o, exclama: 'O que está dizendo aos jurados? Está dizendo que Marie Bière pode sair daqui com alguns meses de prisão. Mas sabe que é o contrário: sem circunstâncias atenuantes, é a morte! Com circunstâncias atenuantes, no mínimo cinco anos de trabalhos forçados!'

"O infeliz juiz-presidente ficou tão aturdido com aquela tirada violenta, que deixou cair o monóculo e com grande custo terminou sua fala, gaguejando, baralhando, cometendo erros, perdendo-se no texto e acabando por chamar Lachaud de sr. Bière e Marie Bière de srta. Lachaud.

---

8. Albert Bataille.

"Marie Bière foi absolvida sob os aplausos do auditório, que ovacionou triunfalmente Lachaud, e o resumo foi condenado à morte. O Senado e a Câmara dos deputados o executaram pouco tempo depois[9]."

Querem um exemplo contundente dessa presença de espírito que nunca o abandonava e que lhe permitia tirar proveito das circunstâncias mais fortuitas? Lachaud defendia, diante dos jurados de Aisne, em Laon, um indivíduo acusado de parricídio. Aquele homem tinha uma atitude deplorável, confessava os fatos com um cinismo revoltante e só parava de fazer chacota para insultar as testemunhas. O juiz-presidente, que era muito amigo de Lachaud, dissera-lhe antes da audiência: "Esse é um que, mesmo com a sua defesa, vai ser condenado à morte! – Eu não juraria, respondeu Lachaud. – Que é isso! A coisa é forte demais. Aposto que vai! – Aposto que não vai! – Pois bem, é o que vamos ver." E apostaram.

Lachaud parecia perto da derrota, pois arrazoava havia várias horas sem conseguir comover o júri, que daquela vez parecia decidido a dar uma lição... De repente, no silêncio da noite ouve-se um tocar de sinos que faz vibrar as abóbadas da sala de audiências. Era o carrilhão alegre de Natal, que chamava os fiéis para a missa do galo. Lachaud pára, comovido, vivamente impressionado, pois, além de ser muito religioso, "identificava-se com seus processos tanto quanto os grandes artistas com seus papéis"... Interrompe o arrazoado e fica com os olhos voltados para o céu, com os braços bem abertos..., depois, com aquela voz maravilhosa que sabia tão bem encontrar o

---

9. Depois da absolvição, Marie Bière voltou aos palcos. Mas a cantora não era tão boa quanto a heroína da Corte criminal, e o público se cansou de sua exibição inconveniente. Pouco tempo depois, casou-se com um estrangeiro rico, da Valáquia.

caminho dos corações, diz: "Senhores, nesta noite feliz, neste momento solene nasceu um Deus de perdão, nasceu um Deus de paz e misericórdia! É Jesus que, da sua manjedoura, lhes pede piedade! Lembrem-se de que a clemência suprema é infinita, e não sejam mais inflexíveis do que o próprio Deus!"

Esse incidente emocionante salvou a cabeça do réu, ao qual os jurados concederam circunstâncias atenuantes: Lachaud ganhara a aposta!

Lachaud não se contentava em defender os clientes e de às vezes os salvar, mas, mesmo depois da audiência, não deixava de cuidar deles para obter uma graça ou uma comutação de pena, se tivessem sido condenados. Não achava que sua tarefa estivesse acabada depois da defesa e tomava providências, usava sua influência. Foi assim que perseguiu Napoleão III até Compiègne, para obter graça para o doutor Lapommerais[10], e acabou por arrancar uma promessa do imperador... Infelizmente, o chanceler da época, Baroche, demonstrou a Napoleão que aquela graça produziria um efeito abominável sobre a opinião pública, e que não deixariam de dizer – o que era verdade – que a graça não teria sido concedida caso se tratasse de um pobre-diabo, e não de um burguês! A graça não foi concedida, e a cabeça de Lapommerais foi cortada. Ele protestara inocência até o último instante e só fora condenado com base nas conclusões formais do médico perito, o eminente doutor Tardieu. Ao subir no cadafalso, Lapommerais fez a seguinte declaração às pessoas que o cercavam: "Digam ao doutor Tardieu que não tenha nenhum remorso!..."

---

10. Como se sabe, Lapommerais foi condenado à morte pelo júri do Sena por ter envenenado a amante, sra. de Pavy, com digitalina. Cometera o crime para poder ficar com o montante de uma apólice de seguro de vida no valor de 550.000 francos que ela assinara em seu favor.

Remorso! Magistrados, peritos, advogados, enfim, não podem ter remorso quando cumprem seu dever. Lachaud, de resto, defendeu tantos grandes criminosos na vida que não podia ficar muito tempo penalizado com a sorte de cada um deles, quando eram condenados à pena capital. Conta-se a respeito um caso bem pouco conhecido, que mostrará o fundo alegre, gaulês, do caráter de Lachaud. Um jovem advogado, que vira um de seus primeiros clientes ser condenado à morte, vai consternado falar com Lachaud e lhe pergunta: "O que faria em meu lugar? – Vou-lhe dar uma solução, responde Lachaud sem pestanejar. É muito simples! Peço uma audiência ao imperador: geralmente ele concede. Imploro a graça para meu cliente: quase sempre ele recusa. Então espero tranqüilamente o dia da execução. Nesse dia mando rezar uma missa pelo descanso da alma dele, e depois... – Depois?, interroga o outro, ansioso. – Depois, continua Lachaud com uma risada brejeira, faço condenar outro e repito a mesma cerimônia!"

Não podemos passar em revista, mesmo que rapidamente, todas as grandes causas em que Lachaud trabalhou[11]. Foi advogado de defesa em um número considerável de processos, e seria preciso de fato ter uma força extraordinária e grande capacidade de trabalho para resistir a esse duro trabalho. Sempre em plena atividade, sendo chamado dos quatro cantos da França, dormindo em trens depois de longos dias de audiência,

---

11. Como deixar de lembrar os dramáticos casos Lemoine, Bocarmé, Rish-Allah, Armand, Chéreau, viúva Gras, Pavy, Thiébault, de Lescure, Charpentier, etc. Mais recentemente, enfim, o processo da infeliz srta. de Tilly, cuja absolvição Lachaud conseguiu sob as aclamações do auditório, sob os aplausos entusiasmados do público, cujo sinal foi dado pelo próprio chefe dos jurados.

sempre pronto a recomeçar a luta no dia seguinte contra novos adversários, pode-se dizer que era um combatente incansável. Dominando seu pensamento tanto quanto a palavra, tinha a difícil arte de esquecer logo em seguida as preocupações da audiência. "Vamos jantar", dizia ao sair, "e não se fala mais no assunto!" Em suas expedições pela província, freqüentemente tinha como adversário Jules Favre, seu grande amigo. Da amizade entre os dois conta-se uma particularidade comovente: quando iam atuar um contra o outro, hospedavam-se no mesmo hotel, em dois quartos contíguos, e Jules Favre nunca ia deitar-se antes de passar pelo quarto do ilustre amigo e ver se ele não precisava de nada para a noite.

Essa abnegação exagerada, essa prodigalidade de talento, espantava os colegas. "Quando alguém se chama Lachaud, disseram-lhe um dia, tem menos trabalho para defender. – Não me chamo Lachaud, respondeu ele com orgulho, meu nome é Defesa!"

Seu talento e sua eloqüência fizeram dele o advogado das causas desesperadas, o defensor dos clientes previamente condenados pela opinião pública. Foi assim que, em 1869, ele defendeu Troppmann, o *indefensável*. Aceitou ser advogado do "monstro", como era chamado, apesar do ódio e das ameaças, apesar das cartas anônimas que lhe foram enviadas para dissuadi-lo de ajudar o assassino de crianças. Aliás, é de acreditar que os advogados têm uma perspectiva particular para enxergar e julgar seus clientes, pois quando perguntavam a Lachaud: "Como você pôde defender um miserável desses?", ele respondia: "Miserável? Estão exagerando. Garanto que no fundo Troppmann não era um mau rapaz! – Ah, sim, bem no fundo", acrescentava muitas vezes o interlocutor pouco convencido.

Em dezembro de 1873, ele assistia Bazaine diante do conselho de guerra de Trianon, presidido pelo duque de Aumale. Também nesse caso tinha contra si a opinião pública, todas as pessoas honestas, poder-se-ia dizer todos os franceses! Allou, a quem Thiers solicitara encarregar-se da defesa do marechal, recusara com dignidade a desagradável incumbência. Thiers na verdade sempre acreditara na inocência de Bazaine, e defendeu-o até o último momento, com a teimosia peculiar aos velhos. Por isso, o ilustre estadista encaminhara o marechal ao grande advogado, que acabara de fazer uma admirável defesa, uma defesa de desforra para o general Trochu. Ao contrário de Allou, Lachaud aceitou a defesa.

A missão era tão pesada, tão esmagadora, que nem os robustos ombros de Lachaud conseguiram suportá-la sem se curvarem. Quando se estuda um homem, é preciso fazê-lo sem preconceitos e paixões, e reservar-se acima de tudo o direito de dizer até o fim o que se pensa dele, sem eufemismos e abrandamentos. A causa era detestável, a defesa impossível, o crime inescusável, e, se Lachaud naquele dia mostrou-se inferior ao que sempre foi, a culpa cabe exclusivamente ao cliente deplorável que precisava defender! É inútil insistir em falar sobre Bazaine: o homem está morto, e devemos fazer-lhe o favor de deixá-lo descansar no esquecimento!

Era preciso um milagre para salvar Bazaine. Esse milagre Lachaud foi capaz de realizar não no arrazoado, mas na réplica ao general Pourcet, que representava o ministério público. Lachaud terminara o arrazoado sem conseguir sensibilizar os juízes militares: a decisão deles já estava tomada, e limitavam-se a sorrir quando o advogado se arriscava a dar algumas explicações estratégicas. O mestre sentara-se, doente, esgotado, sentindo a causa perdida.

O general Pourcet cometeu o grave erro de replicar-lhe e pronunciou – ou melhor, leu, pois seu libelo acusatório foi todo escrito – a famosa frase: "Senhores, o advogado que têm à sua frente é o defensor dos maiores criminosos, é o defensor de Troppmann!"

Lachaud deu um salto ao ouvir o ultraje dessa virulenta apóstrofe e, reencontrando subitamente as forças e a voz, esgotadas por quatro dias de trabalhos, voltando a ser o orador dos grandes dias, retomando posse de si mesmo, por assim dizer, esmagou o ministério público sob uma admirabilíssima tréplica, e com sua arte maravilhosa conseguiu enfim vencer a indiferença e a hostilidade dos juízes!

"Quero felicitá-lo", disse-lhe o duque de Aumale, que o mandara chamar ao seu gabinete, "o senhor acaba de salvar a cabeça do marechal." Na verdade, os juízes, para darem uma satisfação à opinião pública, condenaram à morte o traidor da pátria, mas logo depois assinaram um apelo de graça, e, numa comédia que não enganou ninguém, Bazaine, depois da comutação da pena, foi exilado na ilha de Santa Marguerita. Todos sabem o resto da história...

Querem conhecer o homem cuja vida estou analisando? Querem vê-lo ganhar vida diante de seus olhos num retrato admirável de semelhança e verdade? Quando se pode ter um quadro de mestre, de que adianta tentar fazer dele uma pálida cópia? Passemos a palavra a Gambetta, e digam-me se esta não é uma pintura maravilhosa, na qual se encontra Lachaud por inteiro:

"Sua fronte é alta, luminosa, lisa e redonda; o rosto é caloroso e iluminado; tem pômulos vigorosos, como um romano; os lábios largos, salientes, com um sorriso de gaulês refinado; as narinas são dilatadas, ruidosas e repousam num nariz sólido, com inserções retas; a boca, carnuda e redonda, lembra a boca que Horácio invejava aos atenienses, *ore rotundo*; os olhos, grandes, redondos, com pálpebras de mobilidade meridional (olhos soberbos aos quais nada se podia esconder e que perscrutavam até o fundo da alma), esses olhos, um pouco elanguescidos quando em repouso, iluminam-se com clarões terríveis e súbitos, sorriem com suave claridade, que se irisa sobre o cristalino e se irradia por todo o globo; movimentos da cabeça cheios de majestade; mão curta, dedos finos e rechonchudos, com a parte anterior dos dedos gorda, protuberante, rosada como nos orientais; palma da mão oval, cheia de saliências, ainda que cheia de fossinhas; o corpo ereto, bem conformado, dotado de agilidade juvenil; compleição leve e requintada, organizações espirituais e voluptuosas; acrescente-se a isso uma voz maravilhosa em termos de flexibilidade e extensão, a meia distância entre a trompa e a flauta, o estrondo e a delicadeza." Pois Lachaud foi aquilo que se pode chamar de *grande músico*, e ninguém mais que ele soube tocar esse admirável instrumento a que se dá o nome de voz humana.

Outro biógrafo seu, que parece comparar sem respeito advogados a atores, disse dele, numa linguagem menos eloqüente: "Esse grande artista tinha a voz de Mélingue, a redondez de Coquelin, a bonomia de Geoffroy e a dignidade sorridente de um bispo no alto do púlpito!"

Lachaud não tinha apenas grande inteligência, mas também – rara fusão – um coração terno e delicado. Estava sempre pronto a prestar serviços, a ajudar todos os que solicitassem sua assistência. Nunca se recusou a defender um infeliz, e não raro foi obrigado a ajudar financeiramente aqueles cuja causa defendera, o que não impediu o povo de Paris, com a prodigiosa ingratidão à qual o caráter francês tão bem se acomoda, de tentar incendiar sua casa durante a Comuna, em paga dos serviços prestados. Mas, quando lidava com um cliente rico, dizem que

Lachaud pedia honorários bem confortáveis. Foi assim que, indo advogar no Egito contra o quediva, em nome de uma empresa financeira, recebeu uma soma de 60.000 francos, e, aproveitando a ocasião, fez uma viagem feérica por aquele admirável e ensolarado país, dessas viagens que deixam lembranças inesquecíveis!

Apesar de ter atuado principalmente em causas criminais, também advogou em grande número de grandes processos civis, sobretudo de separações de corpos. Segundo uma testemunha de sua vida, ele tinha uma maneira tocante e encantadora de atuar nesses assuntos delicados; ao que parece, achava que, acima de tudo, era preciso evitar escândalos e publicidade. Reunia o seu adversário e as partes em seu escritório e arrazoava diante deles como se estivesse num tribunal; o adversário respondia, e "os dois advogados, transformando-se por um momento em juízes", redigiam afinal um acordo comum, um contrato amigável que as duas partes respeitavam como uma sentença judicial, até mais, o que não é difícil às vezes! Podia-se assim, graças a essa audiência a portas fechadas, salvaguardar ao mesmo tempo o interesse das partes e a honra das famílias.

Fora do Palácio, duas paixões absorveram a vida de Lachaud: política e imprensa.

Foi bonapartista ardente e convicto, e – coisa curiosa – bonapartista principalmente a partir da queda do império, áulico do exílio e dos dias infelizes. Seria por espírito de oposição, por fidelidade a um regime ao qual nada pedira enquanto estivera no poder, ou por diletantismo, por capricho de artista? Não sei: fato é que suas convicções eram bem desinteressadas, pois já não tinha o que esperar de um regime deposto para sempre. Candidatou-se várias vezes nas eleições e nunca foi eleito: o sufrágio universal, com sua lógica habitual, por certo achou-o talentoso demais para ir ocupar um assento na câmara dos deputados...

Em 1869, teve a honra de ter Jules Simon como adversário, na 8.ª circunscrição do Sena[12]. Foi por ocasião dessa luta eleitoral que um poeta tão bem-intencionado quanto mal inspirado compôs uma ode que distribuiu como panfleto, e terminava assim:

> Desfraldemos o mesmo pendão,
> Como o gladiador que na arena entra em ação
> Unamos nossa força com todo o vigor:
> Que nada nos confunda nesta votação:
> Salvemos o país elegendo Lachaud.

Apesar desse arremedo de poesia, ou talvez por causa dele, Lachaud foi vencido de longe por Jules Simon, obtendo apenas 8.000 votos, ao passo que este reuniu mais de 30.000.

Lachaud, de resto, era inteligente demais para ser sectário pelo resto da vida: era acima de tudo tolerante e conciliador, mesmo em política, rara virtude! E seus maiores amigos eram adversários irreconciliáveis: Jules Grévy, Jules Favre, Gambetta, etc. Sempre teve relações muito afetuosas com este último, que, por um desses estranhos acasos com que se compraz a Providência, deveria morrer misteriosamente poucos dias depois dele. Tinha até servido de traço de união entre Jules Grévy e Gambetta, que simpatizavam apenas moderadamente um com o outro, e foi – curioso espetáculo! – graças ao bonapartista militante que o grande tribuno republicano decidiu-se a fazer ao então chefe do Estado uma visita que ficou célebre, na qual ocorreu uma reconciliação efêmera.

---

12. Jules Simon, curiosamente, era então considerado homem de idéias muito avançadas.

Foi também amigo e advogado de Villemessant, que acabava de fundar *Le Figaro*. Só esse jornal, que começava sua maravilhosa carreira e se dava ao luxo de sofrer processos quase cotidianos, teria bastado "para garantir a Lachaud uma clientela no Palácio". Lachaud sempre advogara em favor de Villemessant *como amigo*, sem receber honorários, e, quando o diretor do *Le Figaro* lhe falava em dinheiro, ele respondia com seu grande sorriso: "Não falemos nisso! Você nunca seria suficientemente rico para me pagar!"

Lachaud foi ademais um homem de bem, um homem honesto e um galante no sentido mais elevado e refinado da palavra. Foi enfim – o que não é desdouro – um espírito sutil, sagaz e delicado, um homem da melhor sociedade, eloqüente e cheio de verve. Por isso, era procurado por todos, que competiam para recepcioná-lo e festejá-lo. Fazia parte das famosas reuniões de Compiègne, onde reinavam About e Mérimée, onde se reunia a corte mais brilhante, mais elegante e mais frívola da Europa, onde se gastava o dinheiro da França, alegremente, sem pensar no amanhã, em caçadas, festas, representações de gala, nas quais estava presente a elite das grandes damas do segundo Império... Lá, nesses círculos íntimos da imperatriz, onde todas as mulheres compartilhavam graça ou beleza, e os homens, inteligência ou riqueza, davam-se festas para Lachaud, todos eram muito solícitos com ele (pois representava quase sozinho o Palácio, que não gostava do Império), e ele desempenhava com brilhantismo o seu papel nesse concerto de grandes inteligências.

Como algumas mulheres o instassem certo dia, perguntando: "Senhor Lachaud, diga-nos qual é a diferença entre o Procurador-Geral e o Procurador Imperial", ele respondeu: "É bem fácil: se uma das senhoras matar seu marido, é o Procurador-Geral; se o enganar simplesmente, é o Procurador Imperial; essa é a diferença!"

Mas ninguém vive impunemente uma vida de trabalhos e prazeres. Diante de tal gasto de forças e energias vitais, qualquer organismo, por mais aguerrido, acaba por desgastar-se com a idade. No fim de 1881, Lachaud foi acometido por um ataque que o obrigou a procurar repouso e saúde no sul. Não ficou muito tempo, pois sabia que sua doença era fatal, mas queria morrer lutando, no mesmo tribunal onde travara combates triunfantes, onde conquistara gloriosas vitórias.

Voltou a Paris em fevereiro de 1882 e ainda advogou na Corte criminal, no caso do tesoureiro Doërr, acusado de roubar um milhão da casa bancária onde trabalhava. Os que o ouviram então relataram uma impressão aflitiva da audiência. "Sua voz", disse um de seus amigos, "parecia sair de um túmulo, e ouvíamos preocupados, consternados e maravilhados ao mesmo tempo; tentávamos captar as entonações e até os silêncios, sabendo que Lachaud não falaria mais!"

Apesar disso continuava a falar! Lutando até o fim, com uma coragem consternadora, contra a paralisia que lhe apertava a garganta e obrigava seus lábios, outrora tão eloqüentes, a balbuciar. Não conseguia decidir-se a deixar aquele Palácio, teatro de todos os seus triunfos, aquele Palácio que ele tanto amava, e a cada dia, apoiado nos braços de amigos devotados, era visto a arrastar-se, vagando, qual fantasma de si mesmo, pelo grande saguão.

Um dia, pouco antes da última crise, quis tentar fazer mais uma defesa diante da Câmara de Recursos correcionais: "Lachaud está lá em cima", veio dizer Demange a Albert Bataille, "quiseram impedi-lo de vir, mas ele quer continuar advogando. O receio é que ele caia na audiência; será que não poderíamos levá-lo embora?"

"Fomos até a porta da audiência, mas não ousamos aproximar-nos. Com uma valentia sobre-humana, o mestre ainda tinha encontrado meios de dizer algumas palavras, e, numa resposta que nos causou dor, o promotor prestou à eloqüência do grande advogado uma homenagem que nos entristeceu como uma oração fúnebre. Perguntamonos com angústia se Lachaud estava ouvindo e se entendia que aquilo era um adeus, uma saudação respeitosa de um sobrevivente a alguém que estava mortalmente ferido."

Era o fim, mas ele lutava ainda: a paralisia realizara sua obra aos poucos, mas a inteligência ficara intacta. Finalmente, em 9 de dezembro de 1882, ele se apagou silenciosamente nos braços dos seus, depois de receber a extrema-unção da religião. Sentindo-se perdido, pedira que o transportassem para seu escritório da rua Bonaparte, onde tantas misérias haviam encontrado consolo, onde tantas confidências dolorosas tinham sido feitas...

Morreu com o olhar fixo num quadro que representava uma mulher jovem, de beleza grave e melancólica, de cabelos longos e encaracolados, de grandes olhos negros: era o retrato daquela a quem devotara um culto apaixonado, cuja defesa fora a idéia fixa de sua vida, era o retrato da sra. Lafarge...

Ainda que, por sua vontade expressa, não tivesse sido feito convite algum para seu enterro, e embora as exéquias tivessem ocorrido em 13 de dezembro, concomitantemente com as de Louis Blanc, mais de 4.000 pessoas quiseram acompanhar ao cemitério aquele que fora um grande advogado e, o que é melhor ainda, um grande homem de bem. Sobre seu túmulo, segundo desejo formal expresso por ele antes de morrer, nenhuma palavra foi pronunciada: não será natural que todos os grandes peroradores, os grandes oradores como Allou, Lachaud e tantos outros, cansados de toda uma vida de ruídos vãos e sonoridades ocas das arengas humanas, uma vez entrados no seio da morte só aspirem ao repouso e ao silêncio?

Lachaud, como todos os grandes homens, teve inimigos e detratores, teve sobretudo quem lhe tivesse inveja e ciúme... Nele há três coisas que nem os mais hostis puderam contestar: talento, bondade e amor pela profissão[13]. Isso basta: só essas qualidades lhe garantirão um lugar indelével na memória dos homens.

---

13. Lachaud era por excelência advogado, um *defensor*, de tal modo que sempre se recusou a tomar a palavra como *parte civil*, para não oprimir o acusado.